校企合作财经商贸专业系列丛书
互联网+创新型“十四五”精品教材

跨境电子商务实务与函电

（微课版）

主　编◎郑　敏　杨　静　王星元
副主编◎高艺嘉　吴昊鹏　龚慧娟
　　　　赵学建　何涵聃　孔丽娟

哈爾濱工程大學出版社
Harbin Engineering University Press

内 容 简 介

本书共八章，内容包括跨境电子商务、跨境电子商务主流平台介绍、跨境电子商务的物流与保险、跨境电子商务产品操作及店铺优化、跨境电子商务的营销推广、跨境电子商务的订单处理与客户维护、跨境电子商务的支付，跨境电子商务的函电业务。

本书可作为应用型本科院校、职业院校电子商务相关专业的教材，也可作为电子商务系统开发与管理人员的参考用书。

图书在版编目（CIP）数据

跨境电子商务实务与函电 ：微课版 / 郑敏，杨静，王星元主编. -- 哈尔滨 ：哈尔滨工程大学出版社，2025. 3. -- ISBN 978-7-5661-4690-8

Ⅰ. F713.36

中国国家版本馆 CIP 数据核字第 2025T2J920 号

跨境电子商务实务与函电（微课版）

KUAJING DIANZI SHANGWU SHIWU YU HANDIAN（WEIKE BAN）

策划编辑 张林峰

责任编辑 田 婧

出版发行 哈尔滨工程大学出版社

社 址 哈尔滨市南岗区南通大街 145 号

邮政编码 150001

发行电话 0451-82519328

传 真 0451-82519699

经 销 新华书店

印 刷 唐山唐文印刷有限公司

开 本 787 mm×1 092 mm 1/16

印 张 14

字 数 358 千字

版 次 2025 年 3 月第 1 版

印 次 2025 年 3 月第 1 次印刷

书 号 ISBN 978-7-5661-4690-8

定 价 49.80 元

http://www.hrbeupress.com

E-mail:heupress@hrbeu.edu.cn

前　言

党的二十大报告指出，“坚持尊重劳动、尊重知识、尊重人才、尊重创造，实施更加积极、更加开放、更加有效的人才政策”“着力形成人才国际竞争的比较优势”“加快建设国家战略人才力量”“深化人才发展体制机制改革……把各方面优秀人才集聚到党和人民事业中来”。

随着互联网基础设施的不断完善和全球物流网络的构建，互联网与对外贸易相结合，逐渐衍生出跨境电子商务这一概念。作为对外贸易的一种新模式，跨境电子商务将传统交易模式中的产品展示、交易双方的沟通交流、付款等环节数字化，改变了传统国际贸易的经营方式，实现了进出口贸易模式的更新换代。在国家政策的大力支持下，我国跨境电子商务发展迅猛，而跨境电子商务产业的迅速发展需要大量跨境电子商务人才作为支撑，人才培养成为推动跨境电子商务快速发展的重中之重。本书介绍了跨境电子商务的相关理论知识与实操技能，以助力高校培养跨境电子商务应用型人才。本书具有以下特点。

（1）采用“理论知识+案例分析”的写作结构，在阐述理论知识的同时，结合大量案例，帮助学生进一步理解相关知识点，巩固知识。

（2）突出跨境电子商务学习的系统性。本书按照跨境电子商务业务发展的逻辑顺序进行编写，使学生可以进行系统的学习。同时本书的可读性强，涉及的实操内容比较多，理论知识讲解深入浅出，可以帮助读者快速掌握跨境电子商务的操作流程。

（3）融入“互联网＋”思维。本书将纸质资源与数字资源有机结合，通过二维码为读者提供文字、图片、音频、视频等丰富的学习资源，既可方便读者随时随地学习，也可确保教学资源的动态更新。

本书由郑敏（南宁职业技术大学）、杨静（辽宁地质工程职业学院）、王星元（哈尔滨师范大学经济与管理学院）担任主编，由高艺嘉（云南机电职业技术学院）、吴昊鹏（郑州食品工程职业学院）、龚慧娟（广西商贸技师学院）、赵学建（山东省地质矿产勘查开发局第七地质大队）、何涵聃（重庆理工职业学院）、孔丽娟（菏泽工程技师学院）担任副主编。本书的相关资料和售后服务可扫封底微信二维码或登录 www.bjzzwh.com 下载获得。

编者在编写本书的过程中参考了大量资料，在此向相关人员表示感谢。由于编者水平有限，书中难免存在不足之处，恳请广大读者批评指正并提出宝贵意见。

编　者

目　录　CONTENTS

第一章　跨境电子商务 …… 1

第一节　跨境电子商务的概念与特征 …… 2

第二节　跨境电子商务的发展历程 …… 8

第三节　跨境电子商务的现状及未来趋势 …… 14

第二章　跨境电子商务主流平台介绍 …… 23

第一节　速卖通平台 …… 24

第二节　亚马逊平台 …… 27

第三节　Wish 平台 …… 31

第四节　eBay 平台 …… 35

第三章　跨境电子商务的物流与保险 …… 43

第一节　跨境电子商务物流概述 …… 44

第二节　跨境电子商务物流费用 …… 47

第三节　海外仓 …… 53

第四节　跨境电子商务的风险与保险 …… 57

第四章　跨境电子商务产品操作及店铺优化 …… 66

第一节　跨境电子商务选品 …… 67

第二节　跨境电子商务产品上传流程 …… 77

第三节　跨境电子商务的店铺优化 …… 82

第五章　跨境电子商务的营销推广 …… 89

第一节　跨境电子商务营销 …… 90

第二节　跨境电子商务站内营销 …… 94

第三节　跨境电子商务站外营销 …… 104

第六章　跨境电子商务的订单处理与客户维护 …… 117
第一节　处理订单与管理交易评价 …… 118
第二节　跨境电子商务客户的开发与维护 …… 128
第三节　预防和处理纠纷 …… 141
第七章　跨境电子商务的支付 …… 149
第一节　跨境第三方支付概述 …… 150
第二节　收款账户的设置 …… 159
第三节　第三方平台账户提现 …… 161
第八章　跨境电子商务的函电业务 …… 167
第一节　跨境电子商务函电概述 …… 168
第二节　前期客户联络 …… 177
第三节　咨询与回复 …… 183
第四节　订单与合同 …… 189
第五节　客户维护 …… 197
第六节　其他相关事宜 …… 202
参考文献 …… 217

第一章

跨境电子商务

本章导读

随着全球经济的一体化和互联网的迅猛发展，跨境电子商务作为国际贸易的新模式，正逐步成为连接世界贸易市场的重要桥梁。本章将引领您深入探索跨境电子商务的广阔领域，从跨境电子商务的基本概念与独特特征出发。随后，通过梳理跨境电子商务的发展历程，您将见证这一行业从无到有、从小到大的辉煌历程。最后，本章将聚焦于跨境电子商务的当前现状及未来趋势，为读者呈现一幅充满机遇与挑战的全球电子商务蓝图。

学习目标

◎知识目标

1. 了解跨境电子商务的概念及特征。
2. 了解跨境电子商务的发展历程。
3. 了解跨境电子商务的现状及未来发展趋势。

◎技能目标

1. 通过学习跨境电子商务基础理论知识，能对跨境电子商务领域有基本的认识和理解。
2. 掌握跨境电子商务操作的基本技能，如查询资料、平台注册。

◎素质目标

1. 提升学生对跨境电子商务的认知。
2. 增强学生对跨境电子商务的学习和研究意识，提高专业素质。

思政目标

跨境电子商务涉及不同国家和地区的交易，因此需要具备全球化视野。本课程应该注重培养学生的国际视野，了解不同国家的文化、政治、经济等方面的差异，以便更好地适应跨境电子商务的发展。

第一节　跨境电子商务的概念与特征

跨境电子商务是指企业在不同国家和地区之间进行在线商务交易的业务模式。以下是一些成功的跨境电子商务案例，这些案例展示了不同企业如何利用互联网和数字化技术在全球范围内扩展业务。

亚马逊是全球最大的在线零售商之一，其市场覆盖了多个国家和地区。亚马逊通过其跨境电子商务平台，如（Amazon Global Selling），帮助卖家将商品销售到全球。其快速的物流网络、广泛的商品选择以及在全球各地设的分支机构都为其跨境电子商务业务的成功做出了贡献。

Wish 是一家美国的跨境电子商务平台，专注于提供低价商品。通过其 App 和网站，Wish 连接了卖家和全球消费者，凭借社交化的购物体验吸引了大量用户。

全球速卖通（AliExpress，简称速卖通）是阿里巴巴集团旗下的一家跨境电子商务平台，致力于为全球消费者提供中国制造的商品。速卖通上有丰富的商品种类，涵盖了服装、电子产品、家居用品、玩具、运动用品等多个领域。用户可以在平台上找到来自中国各地的卖家提供的数百万种商品。

成功的跨境电子商务公司通常能够适应不同国家和地区的市场需求，提供便捷的支付和物流服务，同时积极采用数字化营销策略。

跨境电子商务利用互联网技术和电子商务平台，将商品、服务和资金跨越国界进行交易，消除了地理、时间和文化等障碍，为消费者提供更加便捷的购物体验，同时也为商家开拓了更广阔的市场。

一、跨境电子商务的概念

跨境电子商务是指分属不同关境的交易主体，通过电子商务平台达成交易、进行支付结算，并通过跨境物流送达商品、完成交易的一种国际商业活动。

跨境电子商务起始于2005年。当时，以个人为主的买家借助互联网平台从境外购买所需的产品，通过第三方支付手段完成付款，卖家以快递的方式将产品送到客户手中。跨境电子商务正是在这种“小额贸易”模式的基础上发展而来的。到了今天，其含义越来越丰富，可以从狭义、广义层面上进行理解。

从狭义层面来看，跨境电子商务等同于跨境网络零售，是指分属不同关境的交易主体，通过电子商务平台达成交易，进行支付结算，并通过跨境物流（主要是快件、小包等行邮的方式）将产品送达消费者手中的商业模式。根据海关的统计口径，狭义的跨境电子商务就是在网上进行的小包交易，主要的客户群基本上是个人客户，或者说是终端消费者，即通常所指的企业对消费者（Business to Consumer，B2C）模式或是消费者对消费者（Consumer to Consumer，C2C）模式。随着跨境电子商务的快速发展，一部分碎片化、小额批发买卖的小B类商家也逐渐成为消费群体，模式表现为B2小B，但在实际操作中，很难将这类客户与C类个人客户进行严格的区分和界定，因此狭义层面的跨境电子商务也将其纳入其中。

从广义层面来看，跨境电子商务是电子商务在对外贸易中的应用，是指分属不同关境的交易主体，通过电子商务手段从事各种国际商业活动的行为。在该层面上，跨境电子商务基本等同于外贸电子商务。因此，广义的跨境电子商务不仅包含狭义层面的跨境网络零售，而且还包含了跨境电子商务的企业对企业（Business to Business，B2B）部分。

二、跨境电子商务的特征

跨境电子商务的特征

跨境电子商务是基于网络发展起来的，是网络技术应用的全新发展方向，同时也是国际贸易和电子商务的融合，具有更大的复杂性。互联网所具有的全球性、无形性、匿名性、及时性等特点，也成为跨境电子商务的内在特征。跨境电子商务的出现不仅改变了企业的生产经营活动方式，也影响了整个社会的经济运行模式。跨境电子商务表现出以下几个方面的特点。

（一）虚拟性

跨境电子商务将传统的商务流程进行了电子化和数字化，一方面以流量代替了实物流，减少了人力、物力的使用，从而降低了成本；另一方面则是突破了时间和空间的限制，使跨境交易在任何时间、任何地点都能进行，大大提高了交易的效率。互联网的出现，颠覆了传统的空间概念。目前，处于全球任何一个地方的个人或是公司，都可以通过互联网进行联系，通过建立虚拟社区、虚拟公司、虚拟商场等，实现信息共享、资源共享、智力共享等。

不管是企业还是个人，在进行跨境电子商务各项活动时，不需要有实体店，只需要在网络市场上进行交易即可。例如，在亚马逊或是速卖通上的卖家，他们中的很大一部分都没有实体店或是零售网点，但通过该平台，产品可以销往世界各地。

（二）全球性

网络是一个没有边界的媒介，具有全球性和非中心化的特征。依附于网络产生的跨境电子商务因此也具有全球性和非中心化的特性。与传统的交易方式相比，电子商务的一个重要特点在于它是一种无边界交易，丧失了传统交易所具有的地理因素。互联网用户不需要考虑跨越国界的问题就可以把产品尤其是高附加值产品和服务提交到市场上。网络的全球性特征带来的积极影响是信息的最大程度共享，消极影响是用户必须面临因文化、政治和法律的不同而产生的风险。任何人只要具备一定的技术手段，在任何时候、任何地方都可以让信息进入网络，与全世界的客户相互联系并进行交易。美国财政部在其财政报告中指出，对基于全球化的网络建立起来的电子商务活动进行课税是困难重重的。因为电子商务基于虚拟的电脑空间展开，丧失了传统交易方式下的地理因素；电子商务中的制造商容易隐匿其住所，而消费者对制造商的住所是漠不关心的。比如，一家很小的爱尔兰在线公司，凭借一个可供世界各地的消费者点击观看的网页，就可以通过互联网销售其产品和服务。很难界定这一交易究竟是在哪个国家（地区）发生的。

（三）零库存定制

各跨境电子商务企业在网络市场中并不需要将产品一一陈列出来，只需要借助互联网，将产品（服务）的图片、相关数据或是文字说明展现给客户即可，给客户留下很大的选择空间。企业甚至可以在接到客户的订单后，再根据订单组织生产和配送等。在这种模式下，跨境电子商务企业就可以减轻库存压力，加速资金的周转，还可以最大限度地满足客户的个性化需求。

（四）运营成本低

跨境电子商务能够使企业以较低的成本进入全球电子化市场，使得中小企业也有可能拥有和大企业一样的信息资源，从而提高中小企业的竞争力。和传统的贸易方式相比，跨境电子商务大大减少了中间环节，只需要八个步骤即可完成交易。传统贸易方式与跨境电子商务贸易方式流程比较见表 1-1。

表 1-1　传统贸易方式与跨境电子商务贸易方式流程比较

流程	传统贸易方式	跨境电子商务贸易方式
1	买方准备一份请购单	买方准备一份请购单
2	卖方收到请购单并回复	卖方收到请购单并回复
3	获得批准或授权	获得批准或授权
4	输入请购单数据	输入请购单数据
5	打印采购单	—
6	邮寄采购单给买方	—
7	卖方接受采购订单	—
8	买方确认所采购货物清单	—
9	卖方确认订单	—
10	进行订货记录	—
11	卖方打印装箱单或订单	—
12	卖方装运货物给买方	卖方装运货物给买方
13	卖方报关及报验	卖方报关及报验
14	卖方缮制发票记应收账款	—
15	卖方将发票寄给买方	—
16	买方收到货物	买方收到货物
17	买方收到发票	—
18	买方登记所收货物存货科目	登记所收货物存货科目
19	买方将发票输入应付款系统	—
20	买方缮制支票	—
21	买方将支票寄给卖方	—
22	卖方收到支票	—
23	卖方登记应收款账户冲账	—

跨境电子商务让生产者和客户的直接交易成为可能。具体而言，跨境电子商务运营成本低主要体现在以下几点。

1. 降低销售成本

一般而言，传统企业在经营过程中的费用包括店面租金、装潢费用、水电费、增值税及人事管理费用等项目，跨境电子商务在网络市场上的销售成本则主要包括 Web 站点建设成本、硬件和软件费用、网络使用费和维持费用等。将两者进行比较，可以发现网络销售的成本要比实体企业低得多。

知识拓展

思科（Cisco）的网络销售

Cisco 在网络销售方面是一个典型的成功案例。Cisco 在其网站上建立了一套专用的在线订货系统，销售商与客户能够通过此系统直接向 Cisco 公司订货。该系统的优点是不仅能提高订货的准确率，而且还缩短了出货时间，降低了销售成本。据统计，网络销售的成功使 Cisco 每年在内部管理上能够节省数亿美元的费用。

2. 全天候经营

在跨境电子商务交易中，企业或个人可以通过互联网实现，7×24（一周 7 天，每天 24 小时）的经营模式，并且不需要增加额外的经营成本。原因在于客户可以进行自主咨询、下单和采购，人工干预较少，一般只需要数量不多的客服人员，借助计算机自动完成即可。

3. 无空间限制

互联网的发展使得地球村越来越小，跨境电子商务消除了与不同国家、地区客户进行交易的时间与地域限制，也吸引越来越多的企业和个人参与到跨境电子商务交易中。同时，跨境电子商务又提供了丰富的信息资源，为交易提供更多的可能性。例如，浙江省海宁市皮革服装城利用互联网，将男女皮大衣、皮夹克等 17 种产品的样式和价格信息输入线上平台，不到 2 小时就分别收到了伦敦威斯菲尔德有限公司等 10 家境外客户发来的电子邮件和传真，表明了订货意向。仅仅用了半年的时间，服装城通过跨境电子商务交易就吸引了美国、意大利、日本、丹麦等 30 多个国家和地区的 5 600 多个客户。

4. 扁平化渠道

在跨境电子商务交易中，中间商的作用被大大削弱，取而代之的是网络直销。因此，网络市场的渠道逐渐缩短，趋于扁平化。跨境电子商务企业或是个人可以借助第三方平台或是自己建立的网站，直接向境外客户进行销售。通过这种方式，卖家可以获取并掌握客户的第一手资料，经过分析挖掘，及时了解客户的需求，并据此有针对性地提供相应的产品和服务，以满足不同国家和地区不同客户的需求。

（五）销售机会增加

互联网的全球性给跨境电子商务带来更多的机遇。借助第三方平台或是自己的网站，可以接触到不同国家、不同地区的客户，而不是局限在境内。当潜在客户的数量大量增加后，将其变为客户的可能性也将大大提高，销售机会也将增加。

同时，互联网也具有互动性。通过互联网，商家和客户可以直接进行交流、谈判，在这一过程中，就可以快速与客户建立联系，收集相关的资料，形成客户数据库，进而就可以进行有针对性的销售，激发客户潜在的购买欲望。此外，客户也可以直接将自己的意见或建议反馈在相应的网站上，而商家则可以根据客户的反馈情况进行处理、改进，形成良好的互动，为后续的销售打好基础。

知识拓展

亚马逊书店是如何增加销量的？

网上虚拟书店亚马逊使购物变得便捷和具有享受性。其精密的网上查找工具可以帮助境内外的消费者在大量的图书中迅速找到自己所需的图书，网站提供的详细的书评、简介，以及低廉的价格，可以促使客户在短时间内做出购买决定，许多访客最后都成了亚马逊的客户。同时，亚马逊简便的购书方式与迅捷的付款过程进一步锁定了客户——亚马逊书店58%的订单都来自回头客。

（六）跨境电子商务平台成为网络贸易卖家的主要场所

跨境电子商务平台在商家的运营和发展过程中起着非常重要的作用，是其开展跨境交易、客户管理的窗口，速卖通、亚马逊、eBay、Wish 等都是目前较为热门和成熟的平台。除了自己建立跨境电子商务网站，现在大多数商家都选择在第三方平台上开展交易。平台围绕客户需求这一中心，充分考虑到客户在网上交易时遇到的各种困难及需要的帮助和技术支持，开展网上自助服务。同时，平台也可以为客户提供专有在线购物体验，如定制广告、开展促销活动。

跨境电子商务平台的出现，不管是对商家还是对客户而言，都是极其有利的。一方面，可以提供庞大的信息，双方可以在海量的信息中搜寻自己的目标对象；另一方面，对交易双方来说提高了沟通的效率，进而也提高了客户的接受度。

第二节 跨境电子商务的发展历程

在过去的几十年里，跨境电子商务行业经历了一场令人瞩目的变革，从最初的试水阶段发展成为全球商业的重要组成部分。随着科技的不断发展和全球化的不断推进，电子商务在越来越多的国家和地区崛起，逐渐形成了一个无国界的数字贸易网络。这一发展历程不仅是技术和商业模式的演变，更是全球经济互联的生动写照。

从最早的 B2B 模式到后来的 B2C 模式，跨境电子商务经历了从供应链到零售端的全面升级。数字支付、国际物流、本地化服务等关键要素的不断创新和优化，使得跨境电子商务得以快速蓬勃发展。

然而，这一历程也伴随着一系列的挑战，包括国际法规的不断调整、支付和货币问题、文化和语言差异等。在这个不断演变的全球商业环境中，了解并应对这些挑战，成为企业在跨境电子商务领域取得成功的重要任务。

一、跨境电子商务发展的时代背景

（一）全球贸易自由化的新动态

自 21 世纪以来，全球贸易自由化经历了多次起伏，展现出一系列新的动态和变化。2001 年，在于卡塔尔首都多哈举行的世界贸易组织（World Trade Organization，WTO）第四次部长级会议上，我国正式成为世界贸易组织成员，这一事件不仅是我国深度参与经济全球化的重要里程碑，标志着我国改革开放进入历史新阶段，同时也是 21 世纪以来全球化和贸易自由化最重要的标志性事件。在此之后，我国在 2013 年首次超过美国，成为全球第一货物贸易大国，总额突破 4 万亿美元，占到全球货物贸易总额的 11.05%。即使在新冠肺炎疫情对世界贸易造成不利影响的情况下，我国货物贸易进出口总额在 2021 年仍突破 6 万亿美元，并稳居全球第一的位置。

在全球范围内，贸易自由化并非一帆风顺，总是与贸易保护主义相生相伴。2008 年，源自美国的次贷危机席卷全球，并迅速演变为世界性的金融危机，在这样的背景下，贸易保护主义和逆全球化一时之间呈现燎原之势。根据世界贸易组织统计，2009 年全球货物贸易额下降 23%，跌至 12.15 万亿美元，世界贸易量下降 12.2%，为 70 多年来的最大降幅。全球市场不景气，各国纷纷祭出贸易保护措施，包括出口补贴，反倾销措施，提高进口商品的技术标准，复杂的健康、卫生、环境、检疫措施，进口许可证，进口押金，手续繁杂的商品包装和标签规定等，这些以邻为壑的贸易保护措施拖慢了世界经济从衰退中恢复的步伐，也伤害了贸易自由化的根基。

多边主义遇到严重挑战，世界各国纷纷寻找替代方案，众多的区域自由贸易协定（RTA）如雨后春笋般涌现，其中以《全面与进步跨太平洋伙伴关系协定》（CPTPP）和《区域全面经济伙伴关系协定》（RCEP）最受瞩目。

在全球贸易自由化蜿蜒前行的过程中，新的贸易模式与业态不断涌现。以数字技术为手段、数字服务为核心、数字交付为实现方式的数字贸易正在全球范围内兴起，得益于完善的物流和数字基础设施、强大的生产制造能力、高速发展的国内消费市场，我国正成为数字贸易的引领者。数字贸易既是新一轮科技革命和产业变革的重要产物，也已成为我国产业创新和畅通国内国际双循环的重要支撑。跨境电子商务作为数字贸易的最重要表现形式之一，随着全球贸易自由化的发展与动态变化，正在成为新的时代背景下国际贸易的新业态与新模式。

（二）互联网科技发展

互联网是 20 世纪以来全球最伟大的发明之一，进入 21 世纪，互联网信息技术可谓日新月异，从台式机到笔记本电脑，从有线网络到无线网络再到移动互联网，在经历了互联网 1.0 和互联网 2.0 时代之后，正在昂首迈进互联网 3.0 时代。由于互联网的发展，曾经横亘在地球村各个节点的物理距离正在被急剧缩小，而人类生产、生活、消费、投资，乃至贸易的空间正在急剧膨胀，互联网在经济、社会、生活中无孔不入，掀起了社会生产和全球消费的新变革。全球的信息快速流动不仅改变着各国产业、经济、贸易、安全的格局，也带来了国家治理的新挑战。

世界各国普遍认为，互联网将成为全球产业转型升级的重要助推器。传统的商业模式、运营模式、生产与供应模式、服务模式的内部正在发生一场革命，全球资源出现新的聚合。众创、分包、众筹等无边界、人人参与、平台化、社会化的产业组织新模式将让全球各类创新要素资源得到有效适配和聚合优化，而数字营销、社交营销、大规模定制、移动服务、跨境电子商务、智慧物流、跨界联动等服务将让供求信息得到及时有效对接，按需定制、人人参与、体验制造、产销一体、协作分享等新商业模式将全面变革产业运行模式，重塑产业发展方式。

在传统的生产要素如土地、劳动、企业家才能和资本在全球资源配置、生产制造、贸易投资领域继续发挥重要作用的同时，信息、数据等已成为推动世界经济的新的驱动力量和增长引擎。基于互联网的创新也层出不穷，商业模式、生产制造方式都进入创新发展的新纪元。物流、资金流、信息流的速度前所未有地加快，跨越国界的过程以及方式都有着颠覆性的变化，来自世界各地的消费者正肆意地享受着万物互联时代新的全球化红利，以供给端驱动转变为需求端驱动，点对点的物资、信息交换正转变为网络化的生产消费空间。

无线互联时代的另一个影响就是众多的中小微企业形成的生产、制造节点成为全球生产网络的重要组成部分。数据和流量将改变生产、制造、营销的过程，头部聚集和长尾效应都将变得非常重要，求新、求特、求变、求异的消费理念必将点燃全球互联网，成为新的时代背景下商品、服务、数据提供者不得不重视和深入思考的趋势。

随着互联网科技进入互联网 3.0 时代，人类社会即将开启新一轮产业革命，区块链、元宇宙、人工智能、虚拟现实技术（VR）、增强现实技术（AR）、全息等新技术的应用将为人类打开虚拟世界的另一扇大门。

（三）基础设施快速发展

近些年来，基础设施的建设和发展日益引起世界各国的关注和重视，不少研究都表明，基础设施的完善程度和一国的经济增长和贸易发展都有着正相关关系。基础设施涵盖的范围比较广，既包括交通、邮电、供水供电、商业服务、科研与技术服务、园林绿化、环境保护，也包括文化教育、卫生事业等市政公用工程设施和公共生活服务设施等。

改革开放以来，我国高度重视基础设施建设，特别是 21 世纪以来，我国通过加大基建投资力度，基础设施建设取得了长足进步。

在公路建设方面，中国公路建设实现了总量的快速发展和质量的逐步提升。截至 2022 年底，我国公路总里程达到 535 万公里，十年增长 112 万公里，其中高速公路通车里程 17.7 万公里，稳居世界第一。

民用航空方面，在 2023 年全国民航工作会议上，我国民航加快 100 项重大基础设施项目前期工作和建设，新建迁建8个机场，亚洲最大的专业货运机场——鄂州机场建成投入运行，我国运输机场总数达到254个，通用机场数量达399个。

水路运输方面，截至2021年底，我国港口拥有生产用码头泊位超2万个，其中万吨级及以上泊位超过2 600个，约占泊位总数的12.7%，位居世界首位。2023年3月，交通运输部、国家发展改革委、自然资源部、生态环境部和水利部联合发布了《关于加快沿海和内河港口码头改建扩建工作的通知》，主要包括码头改建扩建的重要意义、工作范围、程序要求、政策支持和要素保障、协同组织实施五部分，提出明确码头改建扩建工作范围、合理优化码头改建扩建程序要求、强化码头改建扩建政策支持和要素保障、协同做好码头改建扩建组织实施的举措建议。

通信服务基础设施方面，截至2022年底，我国移动通信基站总数为1 083万个，较上年增加了87万个。截至2022年底，我国5G基站为231.2万个，全年新建5G基站88.7万个，5G基站数量较上年同比增长61.54%，占移动基站总数的21.3%。2022年我国移动互联网接入流量为2 618亿GB，较上年增加402亿GB，同比增加18.14%；2022年月户均移动互联网接入流量为15.2亿GB，全年净增1.84亿GB，同比增加13.77%。

国内基础设施的高质量发展极大地推动了我国对外基础设施投资的进程。以“一带一路”建设为例，自“一带一路”倡议提出10余年来，中国与“一带一路”沿线国家投资共建了许多基础设施，既有铁路、公路、港口、机场等交通基础设施，也有风电站、光伏发电站、水电站等许多能源基础设施，推动了我国与这些国家的互联互通、贸易相通，促进了沿线国家的经济增长和贸易发展，也增进了我国与沿线国家的民心相通。

二、跨境电子商务发展的三个阶段

1999年，阿里巴巴集团成立，开启了跨境电子商务的1.0阶段。最初，阿里巴巴中国供应商网站只是互联网上的黄页，将中国企业的产品信息向全球客户展示，定位于B2B大宗贸易。买方通过阿里巴巴平台了解到卖方的产品信息，然后双方线下洽谈成交，所以当时的大部分交易是在线下完成的，如图1-1所示。2000年前后，少量中国供应商开始在eBay和亚马逊等国外平台尝试跨境电子商务，但并没有形成规模，此阶段跨境电子商务的主要商业模式是网上展示、线下交易的外贸信息服务模式。主要的功能是为企业信息以及产品提供网络展示平台，并不在网络上涉及任何交易环节。

图 1-1　阿里巴巴官网首页

2004 年，跨境电子商务 2.0 阶段来临。在这一阶段，跨境电子商务平台开始摆脱纯信息黄页的展示，将线下交易、支付、物流等流程实现电子化，逐步形成在线交易平台。相较于跨境电子商务 1.0 阶段，跨境电子商务 2.0 阶段更能体现电子商务的本质，借助电子商务平台，通过服务、资源整合有效打通上下游供应链，包括 B2B 平台模式，以及 B2C 平台模式两种模式。在跨境电子商务 2.0 阶段，B2B 平台模式为跨境电子商务主流模式，通过直接对接中小企业商户实现产业链的进一步缩短，提升商品销售利润空间。

2013 年成为跨境电子商务重要转型年，跨境电子商务全产业链都出现了商业模式的变化。随着跨境电子商务的转型，跨境电子商务 3.0 “大时代”随之到来。加之 2015 年“互联网+”时代的来临，跨境电子商务已经站到了资本市场的风口上。以跨境电子商务为代表的新型贸易近年来的发展脚步正在逐渐加快，并有望成为国际贸易的全新增长引擎。

近年来，由于跨境电子商务的巨大发展，各种跨境电子商务平台如雨后春笋般快速出现。跨境电子商务发展势头依然迅猛，并且竞争越来越激烈。2023 年，跨境电子商务走过了稳中求变的一年。新模式和新玩家，成为行业中的变数。SensorTower 数据显示，2022 年 9 月至 2023 年 11 月，Temu 全球下载量突破 3 亿次。2014 年 5 月至今，SHEIN 累计下载量达 8.3 亿次，拉美和欧洲分别贡献了 31%和 25%的总下载量。可以说，新平台的崛起使跨境电子商务行业的生态发生了改变。上述平台快速发展与全托管模式分不开。2022 年，Temu 率先推出了全托管模式，引发大量平台跟进。全托管模式下商家只需要供货，将货物提前运送至平台仓库，而平台负责运营、销售、运输，双方按照约定节点进行阶段性的结算。全托管模式由平台主导，物流成本更低，同时不再需要考虑佣金，定价远低于商家自营，通过极致性价比实现业绩增长。

知识拓展

跨境电子商务对国际贸易的影响

跨境电子商务是国际贸易发展一大趋势，能带动更多企业直接参与国际贸易，也有利于大、中、小企业融通发展，促进我国制造业升级和品牌成长。

得益于跨境电子商务的发展，不少中小企业能够直接和国外消费市场以及供应商连接在一起。跨境电子商务平台提供了全年无休、7×24 小时的服务，对于进出口企业而言意味着更加便捷、高效的业务拓展。

在传统的国际贸易业务中，不少贸易流程都是由贸易商作为中介完成的，成本以及业务环节都要多于跨境电子商务。比如，传统国际贸易中需要涉及建立联系、商务沟通与谈判、签订合同、履行合同等环节，而跨境电子商务则更多是直接面对国外消费者，由国外消费者的需求驱动跨境电子商务各业务环节，在极大程度上压缩了业务流程，简化了业务操作细节，去除了众多的中间商、贸易商，降低了成本，还利于消费者。不仅如此，网络技术的出现，可以保证信息传递打破原有的时间、空间限制，消费者可以随时随地掌握商品信息、物流信息，可以直接货比多家，并且做好商品定制工作，精准地选择自己需要的产品和服务。

跨境电子商务企业必须要及时跟进这种变化，做出相应的调整，对自己的公司战略、产品策略、定价策略、渠道策略和促销策略重新进行评估和设计，并利用大数据打造自己的选品、市场开发与营销模式。不少企业因此获得了巨大的发展机遇。对于传统的贸易商而言，则意味着必须转变思路，适应时代、科技、商业模式发生的巨变，努力进行数字化改造，尽快扭转从前利用信息差来赚取超额利润的做法，跟上新的商业潮流，同时利用国际化的平台如亚马逊、推特、Facebook、TikTok 等打造新的企业形象和产品形象，利用云展、短视频、意见领袖等宣传和推广自己的产品。跨境电子商务企业不仅需要具备产品思维、营销思维、服务思维，同时，更重要的是需要具备信息时代所不可或缺的数字思维。

由于跨境电子商务涉及多国消费者、商家和平台，对于全球而言都意味着新的挑战，各国跨境电子商务发展水平存在较大差异，基础设施、网络安全、信息技术、企业成熟度、在线支付、物流状况都有着不小的差距，各国的认识、研究、利益诉求都不同。因此，不仅国内的监管要跟上，国际监管协调也需要与时俱进，从区域化的贸易协定、投资框架协议，乃至经济合作框架，到多边组织如世界贸易组织，都需要对跨境电子商务这种新的贸易模式进行深入研究，提前规划，早日谈判。各国政府、企业、平台、消费者均有权利和义务参与到这一场新兴的贸易革命和商业全球化进程中。

第三节　跨境电子商务的现状及未来趋势

当前，跨境电子商务正处于全球商业演进的前沿，成为推动国际贸易和数字经济蓬勃发展的引擎。全球互联网的不断普及、数字支付和物流技术的飞速发展，以及消费者对国际品牌的日益追求，都使得跨境电子商务在全球范围内蓬勃兴起。然而，随着全球商业环境的不断演变，跨境电子商务也面临着一系列新的挑战。

未来，跨境电子商务将在多个方面经历深刻的变革。首先，随着区块链技术的应用和数字货币的发展，支付和结算将更加高效、安全，有望进一步推动全球跨境交易的便利性。其次，人工智能、大数据分析等技术的广泛应用将为跨境电子商务提供更智能化的解决方案，从而提升用户体验和个性化服务水平。最后，随着全球电子商务市场的进一步竞争，企业将不仅需要关注产品和价格，还需注重本地化运营、文化适应性和环保可持续性等方面。

一、全球跨境电子商务的发展现状

近年来，由于信息技术和互联网经济发展迅猛，线上购物越来越受欢迎，此前新冠肺炎疫情的全球蔓延、人们对在线消费需求的增加，促使越来越多的企业、品牌和新零售平台进入了电子商务市场，全球电子商务市场规模持续扩大。全球零售电子商务市场规模在2014年至2022年几乎增长了三倍。2021年，全球零售电子商务销售额约为5.2万亿美元。2022年，全球零售电子商务销售额约为5.7万亿美元。预计这一数字在未来几年将持续增长，到2026年将达到约8.1万亿美元。

随着数字化与物流网络的快速发展，B2C 电子商务日益成为零售业主流。2021 年，全球网购人数达到 21.4 亿，而到 2022 年，这一数据达到了 25.6 亿。因此，可以毫不夸张地说，一场跨境消费盛宴正悄然而至。

从世界范围来看，亚太地区一马当先，正在成为这一潮流的引领者，因为无论是在跨境电子商务交易总额，还是在销量增长率方面，亚太地区都遥遥领先。2014—2020 年，全球跨境电子商务交易量增长中有 53.6%来自亚太地区，西欧和北美地区紧随其后，占比分别为 18.9%和 14.4%，欧盟国家的近岸 B2C 交易是推动西欧地区跨境交易量增长的主要力量。可见，全球各地区都在享受着日臻成熟的全球跨境商务带来的益处。

二、我国跨境电子商务的发展现状

（一）跨境电子商务快速增长

近年来，我国跨境电子商务产业获得爆发式增长，成为我国外贸转型和高质量发展的重要推手。跨境电子商务显示出独特的生命力，充分发挥了其在在线营销、在线交易、无接触交付等多个领域的优势，成为我国对外贸易的生力军。我国正积极培育通过跨境电子商务参与国际合作和竞争的新优势，进出口规模持续快速增长。从国家战略层面而言，跨境电子商务的发展有利于我国制造业的升级，中央和各级地方政府也把跨境电子商务作为稳外贸、稳增长的重要抓手。

过去 5 年，我国跨境电子商务贸易规模增长超过 10 倍。2017 年至 2023 年，中国跨境进口电子商务使用人数以近两成的增速逐年攀升，7 年间人数累计增长 3 倍，2023 年达到 1.88 亿人。2024 年上半年，我国跨境电子商务进出口 1.22 万亿元，同比增长 10.5%，高于同期我国外贸整体增速 4.4 个百分点。从 2018 年的 1.06 万亿元，到 2023 年的 2.38 万亿元，5 年间，我国跨境电子商务贸易金额增长了 1.2 倍。根据各地初步统计，全国跨境电子商务主体已超 12 万家，跨境电子商务产业园区超 1 000 个，建设海外仓超 2 500 个，面积超 3 000 万平方米，其中专注于服务跨境电子商务的海外仓超 1 800 个，面积超 2 200 万平方米。

从跨境电子商务的业务模式来看，B2B 模式的交易规模占比常年保持在 80%左右，而 B2C 模式则保持在 20%左右。这主要是因为 B2B 模式的单笔金额比较大，而且长期订单比较稳定，实际上，也是因为不少传统贸易商正在转型线上，因此，它们在跨境电子商务结构中处于主导地位。2021 年，跨境电子商务 B2B 出口试点全面铺开，我国对“一带一路”沿线国家的贸易继续保持双位数增长，“中欧班列”（图 1-2）“集拼转口”等新模式融合发展。“义新欧”、青岛至明斯克、合肥至德国汉堡、“苏新欧”、合肥至威廉港等跨境电子商务专列先后开通并投入运营，跨境电子商务 B2B 模式与“一带一路”倡议、“中欧班列”的大发展交织在一起，展开绚丽夺目的画卷。

图 1-2　中欧班列

虽然跨境电子商务 B2C 占比仍然相对较小，但增长的速度很快，发展的空间巨大，依托我国强大的互联网和物流基础设施，乃至发达的在线交易和支付体系，小批量、多批次的外贸进出口订单保持高速增长态势，为跨境电子商务企业打开国内外市场、促进国内国际双循环带来了机遇。在 2021 年第四届中国国际进口博览会上，新华网、央视搭档淘宝主播，带来了东亚、欧洲、非洲、南美等地区二十国进口好物专场，在四个多小时的直播中，总计有超过 1.1 亿人次围观，12 万罐阿富汗松子、塞尔维亚的咖啡豆和奶酪等商品被一抢而空。未来，更多的国外商品将通过跨境电子商务平台进入我国，分享巨大的中国消费市场带来的红利，而来自全中国的企业和商家也可以借助跨境电子商务的窗口向世界展示中国制造、中国创造、中国智造的高性价比商品。

（二）跨境电子商务行业竞争激烈

随着跨境电子商务行业的高速发展，众多企业涌入市场，跨境电子商务行业的竞争日趋激烈。随着我国对外贸易的转型升级，传统贸易商也开始借助互联网进入跨境电子商务领域，预计未来将会有更多的企业参与行业竞争。

跨境电子商务行业竞争格局比较复杂，包括进口跨境电子商务和出口跨境电子商务的竞争格局。其中，进口跨境电子商务竞争格局基本成型，以平台型企业为主，其中淘系平台（天猫国际+考拉海购）在 2021 年占据 49.1%的市场份额，表现可谓一枝独秀，京东国际、苏宁国际、唯品国际则分别占据 11.3%、11.2%和 10.5%的市场份额。

从整体来看，出口跨境电子商务目前的竞争格局尚未稳定，平台型电子商务、独立站、第三方平台卖家等模式均有机会，集中度较低，头部电子商务正你方唱罢我登场，行业发展面临的不确定性因素也非常多，必然会有相当一部分企业被淘汰出局。出口跨境电子商务的 B2B 类代表企业包括阿里巴巴国际站、中国制造网、环球资源、敦煌网等，它们为出口企业与境外采购商提供网上交易和洽谈平台并以此来赚取佣金报酬；而 B2C 类代表企业既有亚马逊、速卖通等互联网巨头平台，也有安克创新、傲基科技等同时依托电子商务平台、线下实体企业和独立站的第三方平台卖家，还包括 SHEIN、ZAFUL 等独立站卖家。

无论选择以哪种方式进入国际市场，都有利有弊。入驻互联网巨头平台如亚马逊等可以获得丰富的客户资源，但若想从众多卖家中“杀出重围”也绝非易事，近年来，亚马逊平台封杀中国卖家的事件也让不少企业和品牌心有余悸，不得不考虑风险因素。第三方平台相融合的方式固然能够分散经营风险，提高产品渗透率，但对于企业而言则需要投入大量人力和物力。独立站可以实现自主运营，无须考虑大平台的抽成，充分占有数据，获得宝贵的数据资产，但使消费者能够接触到网站并愿意留下来成为忠实用户，提高转化率，却并不容易，同时也要克服大量的技术问题，如支付系统的接入、网络流程的优化。

跨境电子商务的跨越式发展给企业插上了国际化的翅膀，不少企业获得高速成长，成为行业领军企业，其主要代表包括安克创新、华鼎股份、跨境通等，其中不少企业在国内外资本市场上市融资，为未来的发展进一步奠定了坚实的基础。

在跨境电子商务发展的过程中，我们不仅要看到所面临的市场机遇，也要看到来自全世界各国企业、品牌的竞争，只有夯实发展的基础，提升企业、产品、品牌、服务的竞争力，才能在全球市场中立于不败之地。

（三）跨境电子商务发展获得政策支持

我国跨境电子商务的高速发展，离不开政策的大力支持。2013 年 8 月，国务院办公厅转发商务部等部门《关于实施支持跨境电子商务零售出口有关政策的意见》。这是国家层面出台的第一份关于支持跨境电子商务的专项文件。其内容主要包括：建立电子商务出口新型海关监管模式并进行专项统计；建立电子商务出口检验的监管方式，解决电子商务出口无法办理检验检疫的问题；支持跨境电子商务企业正常收结汇；鼓励银行等金融机构和第三方支付平台为跨境电子商务提供支付服务；制定电子商务出口的税收政策和建立电子商务出口信用体系。可以说，文件的出台为我国跨境电子商务的发展步入快车道保驾护航，为跨境电子商务的规范增长以及长远发展打下了坚实的基础。

2015 年 6 月，国务院办公厅下发了《关于促进跨境电子商务健康快速发展的指导意见》。这份文件提出，支持跨境电子商务零售出口企业加强与境外企业合作，通过规范的海外仓、体验店和配送网店等模式，合理增加跨境电子商务消费品零售进口；鼓励形成一批具有较强竞争力的外贸综合服务企业，培育一批优质自建平台，鼓励企业利用自建平台加快品牌建设；利用现有财政、税收、金融政策，对符合条件的跨境电子商务企业“走出去”重点项目给予必要的资金支持等。

2015 年以来，国务院分六批在全国 132 个城市开展了跨境电子商务综合试验区建设（表 1-2），对跨境电子商务交易、物流、通关、支付、退税、结汇等环节先行先试，力图打造标准化的技术和业务流程、监管措施、电子政务（如跨境电子商务一体化）窗口等，并基于制度创新、营商环境优化、管理与服务创新、贸易投资便利化、协同发展，在全国打造一批试点地区，为跨境电子商务的健康发展拓展道路，突破创新，培育一批跨境电子商务优质平台和优秀企业，打造一批跨境电子商务优质项目，逐步形成一套适应和引领全球跨境电子商务发展的管理制度和规则。

表 1-2　跨境电子商务综合试验区

批次	时间	地区
1	2015 年 3 月	杭州
2	2016 年 1 月	天津、上海、重庆、合肥、郑州、广州、成都、大连、宁波、青岛、深圳、苏州
3	2018 年 7 月	北京、呼和浩特、海口、无锡、义乌等 22 个城市
4	2019 年 12 月	石家庄、温州、汕头、佛山、银川等 24 个城市
5	2020 年 4 月	雄安新区、嘉兴、中山、湛江、三亚、乌鲁木齐等 46 个城市和地区
6	2022 年 1 月	鄂尔多斯、镇江、揭阳、宝鸡、阿拉山口等 27 个城市和地区

2018 年 8 月，第十三届全国人民代表大会常务委员会第五次会议通过了《中华人民共和国电子商务法》，这是我国第一部关于电子商务的综合性法律，对于规范电子商务行为、维护市场秩序、促进电子商务持续健康发展具有里程碑式的意义，其中第 71 至 73 条对跨境电子商务涉及的法律问题进行了规范。

总的来说，我国已经形成一整套支持跨境电子商务发展、完善跨境电子商务监管、促进跨境电子商务制度创新的法律法规、政策体系，并根据不断发展和变化的跨境电子商务行业、市场、模式进行相应的调整、优化与完善。

三、跨境电子商务的未来发展趋势

跨境电子商务的未来发展趋势可以从多个方面进行预测。以下是跨境电子商务的发展趋势。

（一）市场规模将持续扩大

随着全球电子商务的快速发展，越来越多的消费者选择在网上购物，为跨境电子商务提供了广阔的市场空间。同时，随着国际贸易壁垒的逐步消除和全球化进程的加速，跨境电子商务的市场规模有望进一步扩大。

（二）消费者需求将更加多样化

随着消费者对商品品质和种类的要求不断提高，跨境电子商务将需要提供更加多样化、个性化的商品和服务，以满足消费者的需求。

（三）供应链和物流将更加优化

为了提高效率、降低成本，跨境电子商务将需要不断优化供应链和物流体系，实现快速、准确、高效的配送服务。

（四）运营和操作将更加规范化

随着跨境电子商务的快速发展，各国政府将出台更加严格的法规和标准，以保障消费者的权益和规范市场秩序。同时，跨境电子商务也需要建立更加完善的质量保证体系和售后服务体系，以增强消费者的信任和忠诚度。

（五）运营和服务将更加智能化

随着人工智能、大数据等技术的不断发展，跨境电子商务将需要运用这些技术提高运营效率和服务质量，例如通过智能推荐、智能客服等方式提高用户体验和满意度。

总之，跨境电子商务的未来发展趋势是多方面的，需要不断创新和适应市场变化，以满足消费者的需求并实现持续发展。

知识拓展

跨境电商综试区如何“加速跑”？

在中国广州正在举办的2024年第135届中国进出口商品交易会（下称“广交会”）上，158家跨境电商和海外仓企业在这里找到了一片3 000多平方米的“专属自留地”——广交会首次设立跨境电商综试区与海外仓展示区。

跨境电子商务综合试验区（简称“跨境电商综试区”）是中国自2015年开始设立的跨境电子商务综合性质的先行先试的城市区域，旨在跨境电子商务交易、支付、物流、通关、退税、结汇等环节的技术标准、业务流程、监管模式和信息化建设等方面先行先试，通过制度创新、管理创新、服务创新和协同发展，破解跨境电子商务发展中的深层次矛盾和体制性难题，打造跨境电子商务完整的产业链和生态链，逐步形成一套适应和引领全球跨境电子商务发展的管理制度和规则，为推动中国跨境电子商务健康发展提供可复制、可推广的经验。

自2015年在浙江杭州设立首个跨境电商综试区以来，至2023年，总数已达165个，覆盖中国31个省区市。从沿海到内陆，上百个城市和地区陆续加入综试区“队伍”……

广州：强化矩阵畅通出海链路

广州形成了“3+N”跨境电商产业政策矩阵和一系列创新机制，以“六个率先”引领行业健康发展，为全国跨境电商高质量发展提供了“广州方案”。

广州综试区自2016年设立以来，通过强化跨境电商“3+N”政策矩阵，率先探索推出跨境电商进出口信息化系统、“微警认证”系统嵌套使用、跨境电商公共分拨中心、进口商品溯源“真知码”等六大创新举措，优化监管模式，畅通出海链路。并通过开展活动，结合相应特色优势产业带，深入带动产业带上下游供应链协同发展，孵化更多跨境电商主体。

深圳：着力推动阳光化试点

数据显示，自2016年获批设立综试区以来，深圳市通过海关监管平台的跨境电商进出口额从2017年的29.1亿元增长至2022年超过1 900亿元，保持年均2.3倍以上的高速增长。

2023 年，深圳综试区建成了全国首个跨境电商全模式阳光化公共服务平台，通过出台并持续完善阳光化试点政策措施，鼓励引导企业通关、收结汇、税收等全链路阳光化发展跨境电商业务。此外，该区通过创建产业集聚示范品牌等举措，促进产业提档；首创“银行+外综服”收汇模式等推动监管提效，并高度重视品牌培育……

截至 2024 年年初，深圳企业在全球建设运营的海外仓数量已超 350 个，建设面积超过 380 万平方米。深圳跨境电商企业建设运营的品牌独立站超过 100 个，深圳培育的跨境电商上市企业已达 10 家。

杭州：支付业态+人才生态+品牌出海

杭州综试区依托区内多家跨境支付机构，拓展跨境支付场景，提升跨境支付规模，延伸服务链条，创新构建多元支付业态，建构跨境支付高地；通过政企校社联动构建跨境电商人才生态，通过联合产学研，首创政企联动促进传统产业转型新模式，积极实践“国际化人才助力中国企业出海”模式，推动传统外贸和制造企业通过跨境电商实现“品牌出海”。

多年来，杭州跨境电商规模由 2014 年的 1.2 亿元增长到 2022 年的 1 203.33 亿元，跨境电商卖家数由获批之初的 200 多家，增长到 2022 年的 55 381 家，跨境电商已成为外贸发展的新动能、转型升级的新引擎和高质量发展的新抓手。

当前，跨境电商已成为中国发展速度最快、潜力最大、带动作用最强的外贸新业态。而跨境电商综试区则是中国跨境电子商务先行先试的试验田，有利于激发外贸主体活力，提升外贸运行效率，稳定外贸产业链供应链。

本章小结

通过本章的学习，读者能够全面掌握跨境电子商务的概念、特征、历史、现状与未来。跨境电子商务凭其独特优势，正面临技术进步与消费者需求多样化的机遇与挑战。未来，它将深化国际市场融合，创新贸易方式，助力全球经济繁荣。参与者需紧跟趋势，积极应对挑战，以实现自身发展。

课后思考

1. 通过本章的学习，我懂得了以下几点。

(1) ______________________________

（2）________________________________

（3）________________________________

2. 第（　　）节对我影响最大，理由如下。

（1）________________________________

（2）________________________________

（3）________________________________

3. 为了学好跨境电子商务相关知识，我准备在实践中做到以下几点。

（1）________________________________

（2）________________________________

（3）________________________________

第二章

跨境电子商务主流平台介绍

本章导读

随着全球经济一体化的深入发展和互联网技术的飞速进步，跨境电子商务已成为国际贸易中不可或缺的一部分，为中小企业乃至个人创业者提供了前所未有的全球化市场机遇。本章将带您深入探索跨境电子商务领域的四大主流平台——速卖通、亚马逊、Wish和eBay，这些平台不仅各自拥有独特的业务模式、市场定位和用户群体，还共同构建了跨境电子商务的繁荣生态。通过本章的学习，读者将了解到每个平台的基本概况、入驻流程、运营策略、物流解决方案，以及它们在全球市场的竞争优势和劣势。

学习目标

◎知识目标

1. 熟悉速卖通平台的基本情况。
2. 熟悉亚马逊平台的基本情况。
3. 了解Wish平台的基本情况。
4. 了解eBay平台的基本情况。

◎技能目标

1. 掌握速卖通平台的入驻条件及入驻流程。
2. 掌握亚马逊平台的注册流程。
3. 掌握Wish平台的注册流程。
4. 掌握eBay平台的注册流程

◎素质目标

1. 提升学生对跨境电子商务四大主流平台的认知。

2. 提升学生对跨境电子商务平台的研究意识，为后面的学习打下基础。

思政目标

在跨境电子商务的发展过程中，主流平台扮演着至关重要的角色。通过了解跨境电子商务主流平台的诚信经营、社会责任、创新发展、国际合作和人才培养等方面，学生个体能得到更全面的发展，同时也有助于其积极参与社会公益活动，为社会做出贡献。

第一节　速卖通平台

近年来，我国制造业迅速发展，但许多小企业面临着国内市场竞争激烈和品牌认知度不足的问题。速卖通通过其国际化的平台为这些小企业提供了一个全球化的销售渠道。

我国一个小型电子配件制造商通过速卖通平台成功拓展了海外市场。通过建立在线店铺，该企业将自家生产的电子配件如手机充电器、耳机等推向国际市场。以下是该企业的成功经验。

（1）全球市场调研：通过速卖通平台，该企业可以轻松获取全球市场的需求信息，了解不同地区的潜在客户群体和竞争对手情况。

（2）本地化服务：为了提高买家体验，他们提供了多种语言的产品描述和客户服务，同时采用本地化的运输方式，减少了物流时间。

（3）营销策略：利用速卖通平台的促销和广告工具，该企业开展了一系列的优惠活动，吸引了更多国际买家，并提高了品牌曝光度。

（4）良好的售后服务：建立了专业的售后团队，处理客户的咨询和问题，提高了客户满意度和忠诚度。

通过速卖通平台，这家小型电子配件制造商成功将业务拓展到全球，实现了国际市场的多元化经营，同时提高了品牌的国际知名度。

这个案例展示了速卖通如何成为中国小企业走向世界的桥梁，为其提供了全球化的商业机会。下面对速卖通平台进行介绍及入驻讲解。

一、速卖通平台简介

速卖通是阿里巴巴帮助中小企业接触终端批发零售商，小批量、多批次快速销售，拓展利润空间而全力打造的融订单、支付、物流于一体的外贸在线交易平台，也是阿里巴巴旗下唯一面向全球市场打造的在线交易平台，被广大卖家称为“国际版淘宝”。

速卖通覆盖3C产品（计算机类、通信类和消费类电子产品的统称）、服装、家居、饰品等共30个一级行业类目，其中优势行业主要有服装服饰、手机通信、鞋包、美容健康、珠宝手表、消费电子、电脑网络、家居、汽车摩托车配件、灯具等品类。

二、入驻速卖通

（一）速卖通入驻须知

2019年开始，速卖通启用全新的卖家入驻要求（图2-1）。

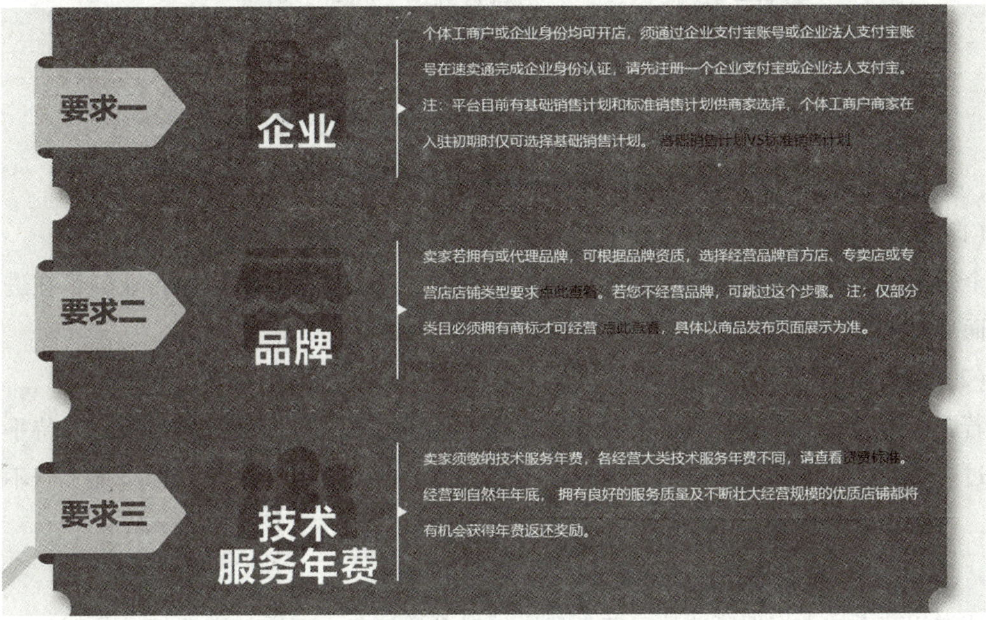

图2-1　速卖通入驻要求

（二）速卖通入驻的基本步骤

1. 第一步：开通账号

请使用企业或个体工商户身份进行卖家账号注册（图2-2）。

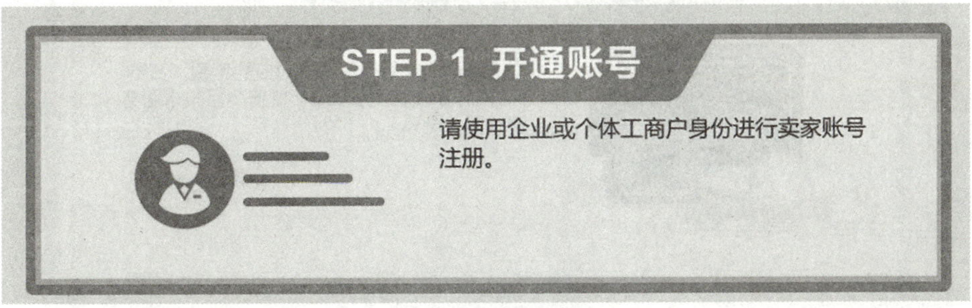

图2-2　速卖通入驻第一步

进入上述界面后，点击页面上的“账号注册”，根据提示完成注册即可。

2. 第二步：提交入驻资料

入驻资料主要有类目资质、商标资质等（图 2-3）。

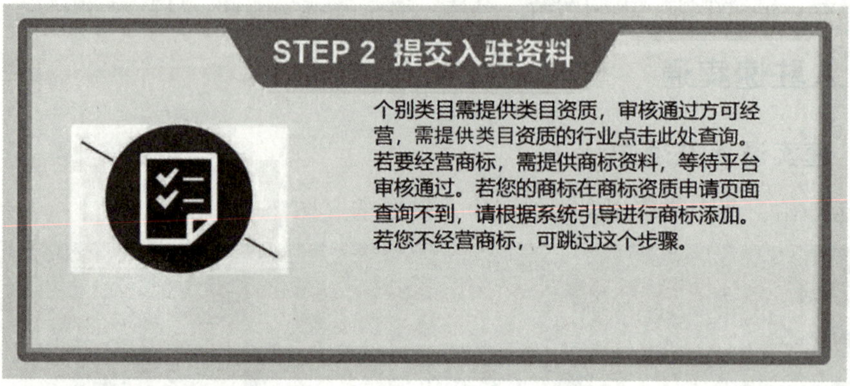

图 2-3　速卖通入驻第二步

（1）类目资质

个别类目需提供类目资质，审核通过方可经营，需提供类目资质的行业，可在进入上述界面后点击“点击此处查询”，然后根据提示操作即可。

（2）商标资质

若要经营商标，需提供商标资料，在招商准入系统里进行商标资质申请，等待平台审核通过。若商标在商标资质申请页面查询不到，请根据系统引导进行商标添加。若不经营商标，可跳过这个步骤。

3. 第三步：缴纳年费

请在招商系统内根据所选的经营类目缴纳对应的年费。不清楚资费标准的可以在进入相应界面后点击红色字迹《速卖通 2023 年度各类目技术服务费年费一览表》了解更多信息（图 2-4）。

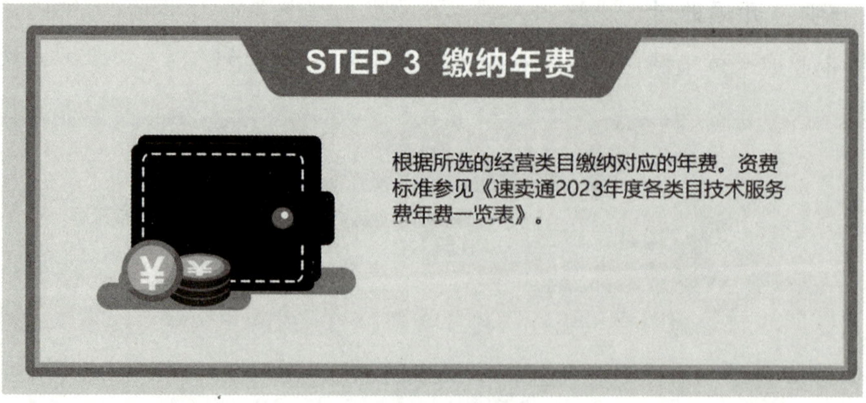

图 2-4　速卖通入驻第三步

4. 第四步：完善店铺信息

设置店铺名称和二级域名，若你申请的是官方店，请同步设置品牌官方直达通道及品牌故事内容。详情都可以在进入相应界面后点击红色字迹查看（图 2-5）。

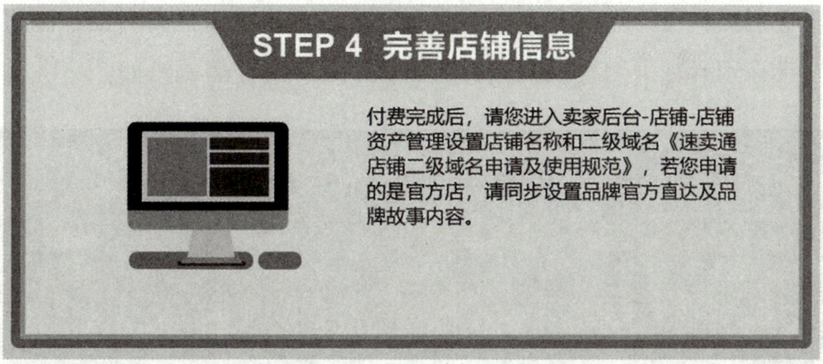

图 2-5　速卖通入驻第四步

5. 第五步：开店经营

店铺设置基本完成，开始发布产品，对店铺进行装修，至此店铺正式开张（图 2-6）。

图 2-6　速卖通入驻第五步

第二节　亚马逊平台

成立于美国华盛顿州西雅图的亚马逊公司是美国最大的一家电子商务公司，也是网络上最早开始经营电子商务的公司之一。亚马逊成立于 1995 年，一开始只经营网络的书籍销售业务，现在则扩及了范围相当广的其他产品。

2004 年 8 月，亚马逊全资收购卓越网，使亚马逊全球领先的网上零售专长与卓越网深厚的中国市场经验相结合，进一步提升了客户体验，促进了我国电子商务的成长。2021 年，亚马逊位列《财富》世界 500 强第 3 位。

一、亚马逊注册流程

（一）注册方法

打开亚马逊主页，在其左上方点击“全球开店”进入卖家注册界面，注册站点，此处选择北美站（图2-7）。

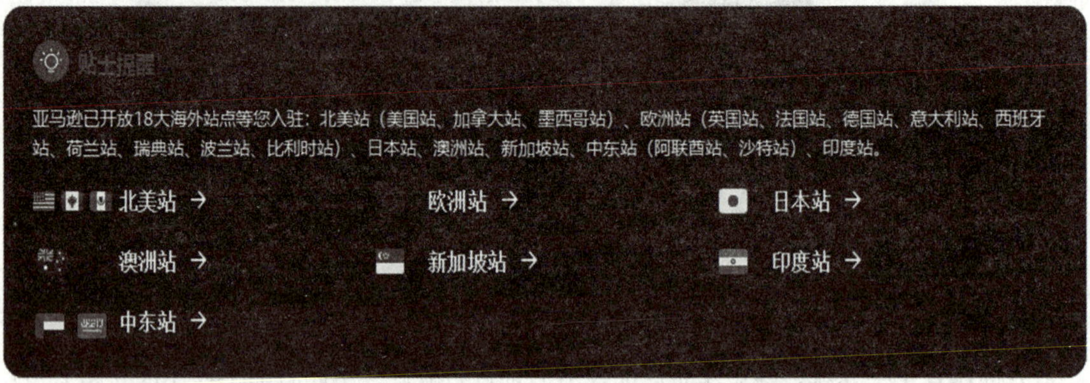

图2-7　亚马逊卖家注册进入界面

（1）点击“前往站点注册”按钮，填写登录账户信息（图2-8）。

（2）选择公司业务类型，填写名称，点击“同意并继续”，然后填写公司地址、电话号码等相关信息，填写信用卡信息，确保信用卡支持美元，填完后点击“继续”。

（3）接下来进行身份验证，点击“立即与我联系”将会收到验证码。填入验证码，然后点击“继续”。

（4）下一步进行税务身份信息登记，中国的卖家验证后，营业收入是不需要交美国增值税的，应选择“否”。

（5）接着选择受益所有人类型，根据实际情况填写，一般是选择公司，填写完点击“继续”。

（6）最后在美国税务局表格（W-8BEN-E表格）界面，仔细检查信息是否

图2-8　亚马逊平台登录账户信息填写界面

与之前填写的一致，若不一致返回更改；若一致则点击下方的“我同意提供我的电子签名”，填写公司法人姓名，点击“继续”，至此注册工作基本完成，等待店铺审核通过即可。

（二）注册需要准备的资料

1. 注册亚马逊账户所需提交的资料

注册账户所需提供的资料包括公司名称（需提供中、英文公司名称，如果英文不知道，直接用拼音）；联系人姓名和手机号（中、英文）；准备开通的市场（是否同时开通欧美站点，还是只开通美国站点或只开通欧洲站点）；经营产品类别（请详细描述）；最小存货单位（stock keeping unit，SKU）数目；其他平台已开通的店铺链接（手表、珠宝和汽车一定要提供，其他品类尽量提供）；营业执照复印件；需要注册的邮箱，根据不同站点各准备一个。

2. 加入亚马逊“全球开店”需要满足的条件

（1）营业执照

营业执照必须是注册公司，能够提供营业执照复印件。

（2）银行账户

需要一张境外银行借记卡，同时还需要有美国、英国、德国、奥地利和法国任何一国的当地银行账户，我国香港银行账户也接受（借记卡）。个人银行账户和公司银行账户都可以。同时在注册时还需要有一张境内或者境外的 Visa 或 Master Card 信用卡，用来支付平台使用费。

（3）语言要求

必须用英文上传产品信息。

（4）UPC 码

对于大部分品类的产品，亚马逊都要求提供产品的产品统一代码（universal product code，UPC）/通用产品条码（European article number，EAN）/全球贸易项目代码（global trade item number，GTIN）。如果没有 UPC 并且想购买的话，可以通过亚马逊官方推荐的产品条形码供应商 Barcodestalk 购买正规的产品条形码，它提供的产品条形码全部是来自国际条码组织（global standard1，GS1），可以提供数字证书。GS1 是由美国统一代码委员会建立的组织。

二、亚马逊平台的运营特点

在亚马逊平台上的运营和推广策略与境内电子商务平台大有不同，如果想参加亚马逊平台组织的促销活动，要根据产品以往的销售记录和综合评分来判断是否可以入选。亚马逊有其独特的运营规则，了解这些规则对于在亚马逊平台上的经营活动大有益处。

（一）Listing 跟卖政策

Listing 是独有的机制，即跟卖政策。如果 A 卖家创建了一个产品界面，其他同款卖家看见后可以在上面增加一个按钮链接到自己的产品界面，表示："我这里也卖，可以来我这里买。"这对新卖家来说是好机会，可以分享到别人的流量，但容易直接引发价格战。采取跟卖策略的卖家也要非常小心，不要引发侵权问题，一旦被投诉侵权就会被平台处罚。如果别人在你的 Listing 上跟卖发生了侵权行为，你也可以向平台投诉。

为什么会有"跟卖"？任何卖家在亚马逊平台上传的 Listing 归属权都归于亚马逊，不再属于上传该 Listing 的卖家，这和境内大部分电子商务平台的规则不同。亚马逊平台认为同一款产品的产品介绍、图片等信息应该是相同的，没有必要出现同一款产品有很多界面的情况，唯一的区别就在于价格，所以亚马逊允许多个卖家使用同一个 Listing。如果有很多卖家销售同一款产品，则亚马逊会根据提供服务的品质并结合卖家的销售价格向消费者推荐更优的卖家。

怎么操作跟卖？找到想跟卖产品的亚马逊标准识别号（Amazon standard identification number，ASIN），在卖家后台搜索该 ASIN，搜索出要跟卖的产品并且点击界面的"SELL YOURS HERE"，就可以进行跟卖了。

（二）Buy Box

亚马逊中的 Buy Box 是每一位商家都想要抢占的黄金购物车，Buy Box 位于单个产品界面的右上方，是买家购物时最容易看到的购买位置。只要买家点击"Add to Cart"，界面就会自动跳转到拥有这个 Buy Box 的卖家店铺。亚马逊在每一个产品刊登中都会选择一位卖家占据这个 Buy Box 的位置，而这位被选中的卖家宠儿则可以享受源源不断的订单和关注。简单一点说，抢 Buy Box 就是抢订单。

在亚马逊平台的运营策略中，抢占 Buy Box 是一种重要方法，占据 Buy Box 就意味着会有大量的订单。亚马逊很早就放弃把 Buy Box 给予固定优秀卖家的想法，相反，把 Buy Box 给众多优秀卖家共享，既能提高卖家店铺整体竞争力，又能提升买家的购物体验。

例如，如果有 10 个条件相同的完美卖家竞争同一个产品的 Buy Box，他们可能各占 10%的机会。这意味着每个在 Buy Box 展示产品的卖家都有可能获得 10 个客户访问产品界面的机会。一般来说，卖家评级较高的卖家有 70%的机会获得 Buy Box，卖家评级中等的卖家有 25%的机会获得 Buy Box，卖家评级较低的卖家只有 5%的机会获得 Buy Box。因此，与其说卖家赢取或失去 Buy Box，不如说能获得 Buy Box 的优秀卖家太少了。

值得注意的是，Buy Box 的运作并不是时常都有，它们的发生取决于产品的竞争和每天的时间。此外，由于亚马逊使用 cookies 来确保每个客户每个小时只能看到一个获得 Buy Box 的卖家，某些 Buy Box 运作被隐藏了起来。但是，如果获得 Buy Box 的卖家出于某些原因指标发生了变化，如产品价格或库存数量发生了变化，亚马逊会在一个小时周期到来前把 Buy Box 转移到另外一个卖家。

知识拓展

关于 Buy Box

很多卖家都很困惑，为什么亚马逊的自有卖家经常可以获得 Buy Box？第三方卖家有可能击败亚马逊的自有卖家获得 Buy Box 吗？Buy Box 倾向于拥有完美客户体验指标的卖家，因此，如果一个卖家拥有接近完美的客户指标或拥有一个极具竞争力的产品价格，那么即使是第三方卖家也有可能获得 Buy Box 的机会。

第三节　Wish 平台

一位独立设计师通过 Wish 平台成功推广了自己的品牌，以下是她的成功经验。

（1）直达消费者：该设计师通过 Wish 平台直接面向全球消费者，无须通过中间商，减少了销售成本。

（2）社交推广：利用 Wish 平台的社交购物特性，设计师通过社交媒体与用户互动，分享设计理念、发布新品等，提高了品牌的认知度。

（3）定价策略：设计师灵活调整产品定价，充分利用 Wish 平台低价商品的特性，吸引更多用户进行购物。

（4）直邮服务：利用 Wish 的直邮服务，设计师能够更灵活地管理库存和物流，提供更高效的全球配送。

通过 Wish 平台，这位设计师成功打破了传统销售渠道的限制，通过直接与全球消费者互动，推动了品牌的国际化发展。

这个案例突显了 Wish 平台为小型卖家和设计师提供的全球销售机会和社交购物体验。那么，Wish 平台到底是什么样的呢？又该如何注册入驻呢？下面进行具体讲解。

一、Wish 平台简介

随着智能手机的普及，移动端购物慢慢成为人们的选择。Wish（图 2-9）是一款根据用户喜好，通过精确的算法推荐技术，将产品信息推送给感兴趣用户的移动优先购物 App。Wish 开启了手机端购物的新境界，瀑布流推送的特点让 Wish 商户在运营技巧上需要使用另一种方式。

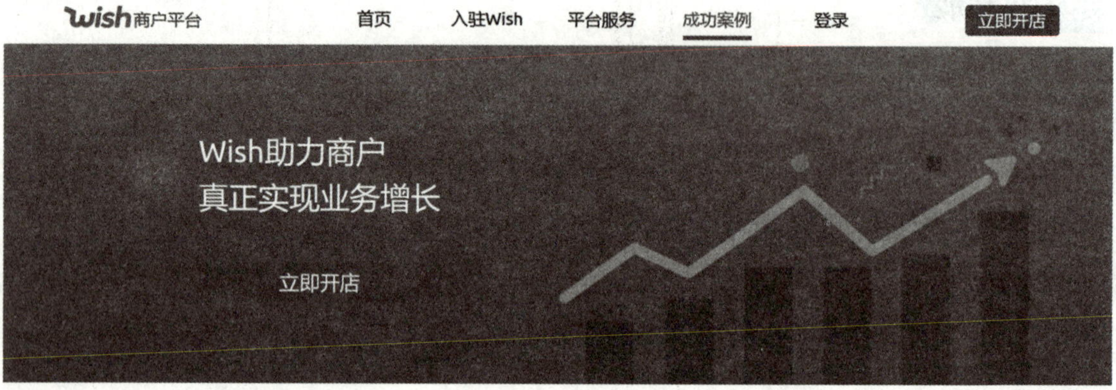

图 2-9　Wish 商户平台首页

（一）Wish 平台的特点

Wish 平台是在移动互联网发展中诞生的，与其他电子商务平台最大的区别在于 Wish 是基于手机 App 的跨境电子商务平台，买家都是通过移动端浏览和购物的，所以在 Wish 平台上运营时要充分考虑到如下特点。

Wish 平台的特点

1. 要考虑到买家的浏览环境

屏幕小，操作困难，是移动端购物的一大特点。

2. 买家浏览时间碎片化

因为是移动端浏览，买家浏览时间是碎片化的，没有明确的购物目的，多以无目的浏览为主，在这种情况下买家做决策的时间也很短，容易造成冲动消费。

3. Wish 平台自动推送产品

有别于传统电子商务的买家购物模式（通过搜索、浏览想要购买的产品），Wish 买家是根据系统平台推荐的内容浏览自己可能感兴趣的产品，是一种相对被动的浏览。

（二）Wish 产品推送原理

根据用户在注册时填写的基本信息，加上后期的浏览、购买行为，系统会为用户打上标签（tag），并且不断地记录和更新用户标签，根据用户多维度的标签推算买家用户可能感兴趣的产品。这些计算都是由系统完成的，并且有持续修正的过程。

Wish 平台淡化店铺概念，注重产品本身的区别和用户体验的质量。在产品相同的情况下，以往服务记录好的卖家会得到更多的推广机会。

Wish 平台在发展中会根据买家的体验来优化计算方法和推送产品。Wish 力求给买家带来便捷的购物体验，利用自己的推算规则将卖家的产品推送到精准客户面前，而不是被动地依赖买家搜索。从某种意义上讲，Wish 让产品有了积极主动性，而不是被动地等待客户。

那么推送的依据是什么呢？主要有违规率（店铺是否诚信、仿品率小于 0.5%）、迟发率（履行订单的时效、订单上网时效）、取消率（出于各种原因，卖家取消交易和买家取消交易，都是有问题的）、有效跟踪率、签收率（能在规定时间内签收可增加权重）、订单缺陷率（中评、差评、投诉、纠纷）、退款率、退货率、反馈及时率和推送转化率。

以上就是 Wish 推送产品所依据的核心维度，卖家的运营越是规范及符合平台规则，系统就越会判断你是一个好的卖家并帮你推送，这就是很多卖家反映某天会看到店铺流量激增的原因。但是如果你的产品推送转化率无法达标，那系统不会在不受欢迎的产品上浪费太多时间，会把推送机会转到下一个符合条件的产品上，所以会出现流量图像坐过山车一样的情景。出现这种情况时要引起警惕，要重新定位产品策略，调研开发并上架受欢迎的产品或优化产品。

（三）Wish 平台的主要销售类目

目前 Wish 平台的主要销售类目是服装服饰，包括女装、男装、美妆、配饰，逐步拓展到 3C 配件、母婴、家居类。根据 Wish 的买家浏览方式，我们可以推测，在 Wish 平台上受欢迎的类目会具有这些特点：产品种类丰富、使用更换频率高、有话题性等。

新进入的卖家在选择类目时可以考虑即将被拓展的类目，避免激烈的竞争，为自己赢取更多的机会。在选品时，卖家需要注意，因为 Wish 的技术判断在同一个界面或同一个推送下不出现重复或相似度高的产品，所以在选择产品时需要尽量考虑到差异化。这点和其他平台不同，在其他平台上同质化的产品可以通过低价来吸引流量、抢夺市场，但是在 Wish 平台上同质化的产品可能就意味着没有曝光的机会。

（四）Wish 平台运营要点

1. 不要用速卖通的思维来做 Wish

有很多速卖通的卖家开始做 Wish 时，经常使用 1 美元包邮的营销策略，沿用的仍然是低价吸引客户的方式，大多通过平邮发货，选品方面更是与速卖通无异。大家都知道速卖通平台的市场定位是俄罗斯、巴西、印度这类国家，与 Wish 定位的欧美发达地区不同，消费水平和品位都不在一个层级。在 Wish 使用低价策略当然可以，但这是一种得不偿失的做法。Wish 推送的风格是让客户先看到图片，然后才是价格，所以以价格优势来吸引眼球的做法套在 Wish 上是行不通的，而且低价意味着产品质量一般，长时间的运输不能回款也会造成资金的压力。因此容易破坏用户体验，更失去了平台的信任。低价的产品也会导致产品同质化和用户的反感，这就会导致 Wish 流量下行。为了长远经营，在 Wish 平台上还是提倡用高品质的产品、优质的服务来吸引客户，打造自己的品牌才是王道。

2. 低价策略无效

低价引流在 Wish 无效，薄利多销的策略已经不合时宜，以“90 后”人群为主力的消费者期望得到更优质的服务，即便你想维持微薄的利润，你的客户也不会因此让你在客户服务方面有所松懈。2 美元包邮要维持利润，必须采用平邮发货，超过 30 天的到货时间，买家是不会满意的，此做法会导致更多的“一锤子买卖”。而且只买便宜货的人只对价格忠诚，而不会对你的产品或品牌有丝毫眷恋。

Wish 节省了与客户对话的环节，但是在 Facebook 的社群可以畅所欲言，帮助客户满足他们的需求。通过 Facebook，客户参与到销售活动中来，晒出产品照片推荐给身边的朋友，就是一种参与。所以，做好 Facebook 精准营销非常重要。

二、Wish 注册流程

（一）创建店铺

1. 进入 Wish 账户注册界面

登录 Wish 商户平台，点击“立即开店”。

2. 填写个人账户信息

输入自己的账户信息，如名字、姓氏、邮箱地址、用户名、密码等。

3. 填写商户信息和办公地址

输入自己的商户信息与地址信息，如公司名称、电话号码、店铺平台、店铺统一资源位符（uniform resourcelocator，URL），并创建账户。

4. 完善店铺信息

登录注册邮箱并确认邮箱地址，确认电话号码并输入验证码，设置店铺账户信息。

5. 店铺审核

提交第一件产品进行店铺审核，在店铺审核过程中 Wish 会给每个店铺分配一个客户经理，客户经理会发送一封邮件收集你的信息。

6. 设置配送范围

默认仅配送到美国，卖家可以在后台修改为配送到全球，如果仅配送到美国只会得到来自美国的流量。

知识拓展

注册 Wish 店铺时的注意事项

地址必须填写在谷歌地图上面能查到的地址，只写第一行就行了；商户信息里面的店铺 URL 可以去淘宝或者速卖通上面找一家店铺的链接地址。

第四节 eBay 平台

一家专注于潮流服装的小型二手店通过 eBay 平台成功拓展了市场，以下是他们的成功经验。

（1）全球销售：利用 eBay 平台的全球性，该店铺可以将独特的二手潮流服装推向全球市场，吸引了更广泛的客户群体。

（2）拍卖和固定价格：店铺利用 eBay 的拍卖和固定价格两种模式，既提供了拍卖的刺激性，也给予了买家更多选择的自由。

（3）商品描述和照片：提供详细而准确的商品描述，以及清晰的商品照片，提高了顾客对商品的信任感，增加了购买的决策信心。

（4）定期促销：利用 eBay 平台提供的促销工具，该店铺定期推出促销活动，吸引更多买家，并提高了销售额。

通过 eBay 这一全球性的平台，这家小型二手潮流服装店成功地将业务拓展到全球市场，实现了在二手服装行业的可持续增长。这个案例体现了 eBay 平台为小型卖家提供的全球销售机会和多样化的交易方式。

一、eBay 平台简介

eBay 公司成立于 1995 年 9 月，是目前全球最大的网络交易平台之一，为个人用户和企业用户提供国际化的网络交易平台（图 2-10）。这是一个基于互联网的社区，买家和卖家在一起浏览、买卖产品，eBay 交易平台完全自动化，按照类别提供拍卖服务，让卖家罗列出售的东西，买家对感兴趣的东西提出报价。超过 2 亿来自世界各地的 eBay 会员，在这里形成了一个多元化的社区，他们买卖上亿种产品，从电器、电脑到家居用品和各种独一无二的收藏品。eBay 还有定价拍卖模式，买家和卖家按照卖家确立的固定价格进行交易。

图 2-10 eBay 平台首页

eBay 总部设在美国加利福尼亚州，在 33 个国家和地区设有站点，其中英国、德国、韩国、澳大利亚和日本等多地都设有分公司。

eBay 创立之初是一个拍卖网站，今日 eBay 在销售方式上依然延续了拍卖的模式，这是 eBay 区别于其他平台的一大特色。在 eBay 上有两种售卖方式：拍卖和一口价。

（一）拍卖

以“拍卖”方式刊登物品是 eBay 卖家常用的销售方式，卖家通过设定物品的起拍价及在线时间，开始拍卖物品，并以下线时的最高竞拍金额卖出，出价最高的买家即为该物品的中标者。

以低起拍价的方式拍卖物品，仍然是能激起买家兴趣并踊跃竞拍的最好途径。而且，在搜索排序中，即将结束的拍卖物品还会在“即将结束/Ending Soonest”排序结果中获较高排名。

1. 设置以“拍卖”方式刊登物品的步骤

（1）以 eBay 美国站为例。在进入选择物品刊登方式的界面后，可选择“More listing

choices”（更多产品选择），让自己有更多刊登选择，也可选择“Keep it simple”（简单化）快速完成设置刊登。

（2）如需要更详尽地设置物品销售方式，可选择“More listing choices”下的“Go”（继续）按钮。

（3）在详细的物品刊登设置界面中会有一个“Choose a format and price”（选择一种方式和价格）模块，即物品价格设置模块，可点击“Auction”（拍卖），选择以“拍卖方式”销售物品。

（4）在“Starting price”（起拍价）下方的文本框中输入你准备“拍卖”物品的起拍价即可。

2. 选择“拍卖”方式的情况

（1）在无法确定物品确切的价值，但希望快速出售时，让 eBay 市场来决定物品的价格。

（2）有独特和难以买到的，而且能够产生需求并引起热烈竞标的物品时，拍卖能使利润最大化。

（3）如使用拍卖方式刊登有着较高的成交率（物品通常在刊登之后即被买走），则表明可持续使用拍卖方式。

（4）不定时销售，而且没有最近成交可提高物品的搜索排名时，“拍卖”方式刊登能让物品有高排名的机会，即按照“即将结束的物品”排序。

知识拓展

“拍卖”方式刊登物品的注意事项

以标准“拍卖”方式销售物品，会根据您的起拍价收取较低比率的刊登费，并根据物品最终成交价格收取一定比率的成交费。

（二）一口价

利用“一口价”方式销售不仅费用低，而且可设置物品的在线时间最长可达 30 天，物品可以得到充分展示。同时，多件物品还可采用“多数量物品刊登”方式，一次性完成全部销售刊登。以定价方式刊登 eBay 店铺中热卖的库存物品，还可以使用预设的物品描述和物品说明，大大节省了卖家的刊登时间，也简化了卖家的刊登工序。

1. 设置以“一口价”方式刊登物品的步骤

（1）进入选择物品刊登方式的界面，可选择“More listing choices”，点击“Go”，进入详细的物品刊登设置界面。

（2）可在详细物品刊登设置界面的“Choose a format and price”模块中，点击“Fixed price”（固定价格），即以“一口价”方式销售物品。如果没有可选择的“Fixed price”标签，则表明你尚未具备该站点以“一口价”形式销售产品的资格。

（3）卖家可在“Best Offer”（最佳提议价）中勾选“Allow buyers to send you their Best Offer for your consideration”（允许买家向你发送最佳议价以供参考）。

2. 选择“一口价”方式销售的情况

（1）卖家有多个物品，而且可以整合到一次刊登中。

（2）卖家可根据自己希望从物品上获得的价值多少来确定售价。

（3）卖家有大量库存产品，希望尽量减少刊登费。可使用 30 天在线时间并尝试通过自动更新来提高效率。

（4）卖家希望物品在线时间超过 7 天来供买家购买。

知识拓展

“一口价”方式刊登物品的注意事项

如果卖家在刊登商品时，没有可选择的“一口价”标签，则表明卖家尚未符合该站点以“一口价”形式销售商品的资格条件。通过“一口价”刊登物品可根据所设定的物品价格支付刊登费，物品成交后收取较低比率的成交费；还可免费设定该物品的“议价”功能，当物品以议价金额卖出，则成交费会按照成交金额收取。物品刊登后，不能将“一口价”物品变更为具有“一口价”功能的“拍卖”物品，反之亦然。“一口价”物品如果结束时间在 12 小时后，可编辑“一口价”价格。

（三）使用“拍卖”与“一口价”方式综合销售

卖家可在选择“拍卖”方式时既设置低起拍价，又设置一个满意的“保底价”，这也就是“一口价”，让买家可根据自己需求灵活选择购买方式，这种贴心的设计不仅综合了拍卖方式和一口价方式的所有优势，还能给产品带来更多的商机。

1. 设置以“拍卖”与“一口价”方式综合刊登物品的步骤

（1）进入选择物品刊登方式的界面，可选择“More listing choices”，点击“Go”进入详细的物品刊登设置界面。

（2）在详细的物品刊登设置界面中会有一个“Choose a format and price”模块，这就是物品价格设置模块，可点击“Auction”，选择以“拍卖”方式销售物品。

（3）卖家可以在“Starting price”下方的文本框中输入物品“拍卖”的起拍价，在“Buy It Now price”下方的文本框中输入物品的“保底价”，也就是卖家“拍卖”物品的“一口价”。

2. 选择“拍卖”与“一口价”方式综合销售的情况

（1）销售很多种类物品，希望同时吸引那些想要通过竞拍达成交易的人，以及其他更倾向于选择方便的“一口价”交易的买家。

（2）希望尽可能增加买家对库存产品的需求，并通过“拍卖”和“一口价”刊登方式来帮助竞拍者和买家了解卖家的其他销售物品或店铺。

知识拓展

“拍卖”与“一口价”方式综合刊登物品的注意事项

物品刊登后，将不能修改物品的销售形式，不过在特定情况下，卖家可以增加、编辑或移除拍卖物品的“一口价”功能。拍卖物品如果结束时间在12小时后，同时，刊登的物品仍无人出价竞拍，卖家可新增、编辑或移除“一口价”功能。

二、eBay注册流程

（一）注册eBay需满足的条件

注册eBay需满足的条件为合法登记的企业用户，并且能提供eBay要求的所有相关文件；须注册为商业账户；每一个卖家只能申请一个企业入驻通道账户；申请账号需通过eBay卖家账户认证且连接到已认证的PayPal账户；有eBay客户经理的卖家请通过客户经理申请。个人卖家只需注册并认证一个eBay账户，即可在全球开启销售之旅。

（二）注册步骤

1. 进入eBay注册界面

打开http：//www.ebay.com.hk或者http：//www.ebay.cn，点击左上方“注册”按钮。进入eBay注册界面后，设置账户及密码。之后卖家邮箱会收到eBay的一封验证邮件。

2. 完成验证

点击“以短信向我提供确认码”，随后输入收到的确认码即可完成验证。

3. 确认条款

注册 eBay 账户需了解 eBay 平台政策，阅读后点击“继续”。

完成以上步骤后请注册 PayPal 资金账户，绑定卖家的 eBay 账户与 PayPal 账户。登录 eBay 账户，点击右上角“我的 eBay”，点击“账户”—“PayPal 账户”—“连接到我的 PayPal 账户”。

4. 填写地址

接下来需要填写用户相关地址，根据界面提示操作即可。

5. 输入 PayPal 账户和密码

输入 PayPal 账户和密码，以关联 eBay 账户。这样便完成了 eBay 账户与 PayPal 账户的关联，eBay 开店注册也就成功了。

知识拓展

跨境电子商务综合试验区建设历程回顾

我国跨境电子商务综合试验区是我国设立的跨境电子商务综合性质的先行先试的城市区域，旨在跨境电子商务交易、支付、物流、通关、退税、结汇等环节的技术标准、业务流程、监管模式和信息化建设等方面先行先试，通过制度创新、管理创新、服务创新和协同发展，破解跨境电子商务发展中的深层次矛盾和体制性难题，打造跨境电子商务完整的产业链和生态链，逐步形成一套适应和引领全球跨境电子商务发展的管理制度和规则，为推动我国跨境电子商务健康发展提供可复制、可推广的经验。

一、发展历程

2022 年 1 月，我国再次新增 27 个跨境电子商务综合试验区，这是自 2015 年 3 月 7 日国务院同意设立中国（杭州）跨境电子商务综合试验区以来，我国跨境电子商务综合试验区的第 6 次扩围。2022 年 3 月 31 日，我国跨境电子商务综合试验区已增至 122 个，覆盖全国 30 个省、自治区和直辖市。而到 2023 年 6 月，全国跨境电子商务综合试验区已达到 165 个。

经过几年在试点地区的探索，跨境电子商务零售进口政策体系不断完善，在丰富国内市场供给、带动相关行业发展、更好满足人民美好生活需要等方面取得积极成效。

二、优惠政策

商务部、海关总署、税务总局等部门出台了一系列支持跨境电子商务综合试验区发展的政策措施，最具含金量的主要有以下 4 个方面。

1. 无票免税

跨境电子商务零售出口“无票免税”政策。即对跨境电子商务综合试验区内的跨境电子商务零售出口企业未取得有效进货凭证的货物，凡符合规定条件的，出口免征增值税和消费税。

2. 所得税核定征收

跨境电子商务零售出口企业所得税核定征收政策。综合试验区内符合一定条件的出口企业试行核定征收企业所得税办法，采用应税所得率方式核定征收企业所得税，应税所得率统一按照4%确定。符合小型微利企业优惠政策条件的，可享受小型微利企业所得税优惠政策；其取得的收入属于《中华人民共和国企业所得税法》第二十六条规定的免税收入的，可享受免税收入优惠政策。

3. 通关便利化

通关便利化政策。跨境电子商务综合试验区内符合条件的跨境电子商务零售商品出口，海关通过采用“清单核放，汇总申报”的便利措施进行监管验放，提高企业通关效率、降低通关成本。

4. 放宽进口监管

放宽进口监管条件。对跨境电子商务零售进口商品不执行首次进口许可批件、注册或备案要求，按个人自用进境物品监管。

本章小结

通过本章对速卖通、亚马逊、Wish 和 eBay 四大跨境电子商务主流平台的详细介绍，不难发现，每个平台都有其独特的魅力和价值所在。通过本章的学习，读者不仅掌握了各平台的基本知识和运营要点，更重要的是可以学会如何根据自身的产品特性和市场定位，选择合适的跨境电子商务平台，制定有效的营销策略，从而在激烈的全球市场竞争中脱颖而出。

课后思考

1. 通过本章的学习，我懂得了以下几点。

(1) ____________________

(2) ____________________

(3) ____________________

2. 跨境电子商务四大主流平台中，我最喜欢的是（　　），理由如下。

（1）________________________________

（2）________________________________

（3）________________________________

3. 通过第二节的学习，我对亚马逊平台的认识有以下几点。

（1）________________________________

（2）________________________________

（3）________________________________

第三章 跨境电子商务的物流与保险

本章导读

跨境电子商务的蓬勃发展离不开高效、安全、经济的物流体系与全面的风险保障措施。本章将全面解析跨境电子商务物流的各个环节，从基础概念到具体费用构成，再到海外仓这一重要物流模式进行深入探讨，帮助读者构建对跨境电子商务物流体系的全面认识。同时，本章还将重点阐述跨境电子商务在运营过程中可能面临的各种风险，并介绍如何通过保险机制来有效应对这些风险，保障企业的稳健发展。通过本章的学习，读者能够掌握跨境电子商务物流管理的关键要素，了解如何优化物流成本与效率，以及如何利用保险工具为企业保驾护航。

学习目标

◎知识目标

1. 了解跨境电子商务物流的概念及特点。
2. 了解海外仓的基本情况。
3. 熟悉跨境电子商务的风险。

◎技能目标

1. 掌握跨境电子商务物流费用的几种计算方法。
2. 掌握海外仓的操作流程。
3. 掌握跨境电子商务保险的相关知识。

◎素质目标

1. 提升学生对跨境电子商务物流与保险的认知。
2. 增强学生对跨境电子商务物流及保险的学习意识，增强风险防范意识。

思政目标

物流与保险作为跨境电子商务的两个关键环节，对于保障交易的顺利进行具有重要意义。通过学习跨境电子商务物流与保险知识，可以培养学生的国际视野、职业道德、综合素质、风险意识、诚信意识和责任意识。这些目标的实现将有助于推动跨境电子商务行业的健康发展，促进国际贸易的繁荣发展。

第一节　跨境电子商务物流概述

菜鸟网络科技有限公司（以下简称菜鸟网络）是阿里巴巴集团旗下的物流平台，成立于 2013 年，致力于为阿里巴巴旗下的电子商务平台提供高效、智能的全球物流服务。该平台采用了先进的科技手段，包括大数据分析和人工智能，以提高物流效率和降低运输成本。

速卖通是阿里巴巴旗下的跨境电子商务平台，速卖通通过与菜鸟网络的合作，建立了全球性的仓储网络，使得卖家可以将商品存储在离目标市场更近的地方，提高了物流效率。利用菜鸟网络的智能清关技术，速卖通实现了更快速、更顺畅的海关通关流程，减少了货物在海关滞留的时间。速卖通通过菜鸟网络提供的多种运输选项，包括航空运输、特快专线等，满足了不同买家对速度的需求，提高了顾客满意度。利用菜鸟网络提供的实时追踪服务，速卖通买家可以随时查看其订单的物流状态，提高了购物体验的透明度。

这个案例突显了菜鸟网络在跨境电子商务物流中的关键作用，为电子商务平台和卖家提供了一体化的物流解决方案，从而推动了全球范围内的跨境贸易。

一、跨境电子商务物流的概念及特点

跨境电子商务物流（图 3-1）是指跨境电子商务的物流服务，它涉及将商品从卖方所在国或地区运送到买方所在国或地区的过程。这种物流服务需要考虑到多种因素，如海关通关、国际运输、物流成本控制等。

图 3-1　跨境电子商务物流

跨境电子商务物流的主要目的是确保商品能够安全、准确、及时地送达买家手中。为了实现这个目标，跨境电子商务物流

需要与各种物流服务提供商合作，如国际快递公司、国际物流公司、航空货运公司等。这些合作伙伴需要共同协作，以确保整个物流过程的顺畅。

跨境电子商务物流作为一种新的物流形式，与国内电子商务物流、传统国际物流相比，具有以下特点。

（1）跨境电子商务物流运输距离较远，且面临出口国和进口国两重海关，需要进行较复杂的检验检疫等清关商检活动，货物破损、丢失等风险相对较高，时间长而成本高，面临不同国家或地区的经济、文化、风俗、政治、政策、法律、宗教等环境因素差异的影响；而国内电子商务物流在运作流程上相对更加便捷，运送周期短，运作风险与成本低。

（2）跨境电子商务物流是集产品、物流、信息流、资金流于一体的主动性服务，需要有更高的敏捷性和柔性，强调其整合化和全球化能力，更注重 IT 系统化和信息智能化。物流服务往往影响着消费者的整个购物流程和时效体验，跨境电子商务物流除了完成物品位移活动外，还能为消费者提供更多的增值服务。

总的来说，跨境电子商务物流与国内电子商务物流、传统国际物流在发展起源、特点、业务模式、覆盖范围、运作流程、标准化程度、配送周期、运作成本、运作风险、信息技术等诸多方面都存在差异。跨境电子商务想要发展，一刻也离不开物流运输，伴随着跨境电子商务的发展，跨境电子商务物流也获得了迅猛发展。数据显示，2022 年全球跨境电子商务物流行业的市场规模达 71 700.9 亿元，同比增长 7.01%；在跨境电子商务蓬勃发展的态势下，我国跨境电子商务物流行业也迎来了广阔的发展机遇，2022 年我国跨境电子商务物流行业的营收规模突破 7 000 亿元。

二、签署 RCEP 对跨境电子商务物流的影响

2020 年 11 月 15 日，我国和东盟十国、日本、韩国、澳大利亚以及新西兰正式签署《区域全面经济伙伴关系协定》（RCEP），全球最大自贸区诞生，对我国乃至世界经济影响深远。RCEP 的签署将对跨境电子商务的发展产生巨大影响。

RCEP 采取预裁定、抵达前处理、信息技术运用等提高海关效率的高效管理手段，简化海关通关手续。这涉及跨境物流多个环节，包括降低甚至消除邮政小包征收关税的风险、降低海外物流仓储建设成本等，港口航运、跨境电子商务这类企业将直接受益。例如，当进口缔约方取得清关所需信息后，应当在 48 小时内放行货物；对于易腐货物，如海鲜、水果和蔬菜等生鲜货物，进口缔约方在收到清关信息后 6 小时内应当放行；允许空运货物加快通关等。

RCEP 跨境物流方面的规定，有望帮助我国出口商品在目的国海关通关效率提高，从而大幅提高跨境物流效率、缩短物流时间、提高消费者购物体验。

（一）降低跨境交易成本

根据协定，RCEP 各缔约方之间采用双边两两出价的方式对货物贸易自由化做出安排，协定生效后区域内 90%以上的货物贸易将最终实现零关税，且各国根据国情承诺立刻将关税降到零或过渡期降税到零（过渡期的时间主要为 10 年、15 年和 20 年等），自贸区内有望在较短时间兑现所有货物贸易自由化的承诺，进而使缔约国消费者享受到物美价廉的海外商品。以跨境电子商务零售进口主要商品之一 3304 品类目化妆品的关税减让承诺为例：RCEP 电子商务章中，对澳大利亚、新西兰和东盟十国，关于唇妆、眼妆、指甲化妆品、粉税目下的 4 类商品，我国承诺从协定生效的第 1 年起，关税率降为 5%，此后一直维持在 5%。对于澳大利亚、新西兰和东盟跨境电子商务零售进口 3304. 9900（其他）税目下的商品，我国承诺从协定生效的第 17 年起关税率降为 1%，此后逐步趋近于零税率，至第 20 年完全降为零。此外，RCEP 关税减让对于外贸企业最直观的影响就是原材料、资源品进口成本降低，企业封装加工后的产品报价比其他地区的竞争对手更具优势，从而进一步提高跨境电子商务企业的盈利能力。

（二）优化区域跨境电子商务供应链和价值资源

受逆全球化的影响，全球产业链、供应链和价值链仍存在较大的不确定性，面临着“断供”的风险。RCEP 签署后，区域内各成员国的资源、商品流动、技术和服务资本合作以及人才合作将会更加便利，有利于创造价值和整合资源。这将给我国跨境电子商务在海外仓的建立与运作、东亚和东南亚市场的建立以及国际人才的招聘方面带来巨大机遇。此外，优化 RCEP 区域内跨境电子商务供应链和价值资源也有利于缓解各种不利外部环境的负面影响，帮助我国跨境电子商务在全球价值链中的地位逐步攀升。

（三）加速我国跨境电子商务转型升级

虽然我国跨境电子商务的发展已经走在了世界前列，尤其是在 B2C 模式上，但其发展仍然面临地域文化差异、物流配送难、支付信任，以及宽带成本和网速限制等现实问题。RCEP 的签署对于上述问题提供了一些可参考的解决路径，完善跨境电子商务促进政策，支持跨境电子商务发展，适应产业革命新趋势都是可行之策。在 RCEP 中重点提到要鼓励搭建跨境电子商务发展服务平台，推动配套物流服务体系建设以及支持和建设更多的海外仓，这将加速我国跨境电子商务转型升级，提供更多优质产品，服务更多国家消费者。此外，伴随着 RCEP 的签署和生效，区域内跨境电子商务市场将会从野蛮生长逐步转向规范发展，并围绕跨境电子商务形成一个紧密的生态链和服务链，将会继续促进我国跨境电子商务的转型升级。

知识拓展

跨境电子商务物流的发展概况

跨境电子商务物流的发展一直受到全球贸易和技术进步的影响。以下是跨境电子商务物流领域的发展趋势和关键方面。

（1）物流网络优化：跨境电子商务企业越来越关注构建高效的全球物流网络。这包括建立仓储和配送中心，以更好地满足国际客户的需求，缩短交付时间，并降低运输成本。

（2）物流科技应用：物流科技的发展，如物联网（IoT）、大数据分析、人工智能（AI）和区块链等技术的应用，有助于提高物流的可见性和效率。这些技术可以用于实时监控货物的位置、优化库存管理以及改进供应链可操作性。

（3）智能化和自动化：自动化技术在跨境电子商务物流中发挥着越来越重要的作用，包括自动化仓库、机器人拣货、智能运输工具等。这有助于提高运输效率、减少错误和成本，并适应不断增长的订单量。

（4）合作伙伴关系：为了提供更好的跨境物流服务，跨境电子商务企业通常与国际物流公司、本地配送服务商以及关键合作伙伴建立战略伙伴关系。这有助于应对物流中的挑战，确保货物能够快速、安全地到达目的地。

（5）关税和法规遵从：跨境电子商务物流必须应对不同国家和地区的关税、税收政策以及法规要求。因此，物流服务提供商需要建立强大的全球运营团队，确保他们的服务符合当地和国际法规标准。

（6）绿色物流：对环保和可持续性的关注也在推动跨境电子商务物流的发展。企业越来越注重减少碳足迹，采用更环保的包装和运输方式，以满足消费者和监管机构对可持续性的要求。

总体而言，随着全球贸易的不断增长，跨境电子商务物流将继续发展和创新，以满足市场的需求并提高运营效率。

第二节　跨境电子商务物流费用

跨境电子商务物流费用是企业在进行国际贸易时需要考虑的重要因素之一。

亚马逊通过其全球物流服务，为卖家提供了全球范围内的仓储、运输和配送服务。这一服务旨在帮助卖家更轻松地实现跨境销售，并降低物流费用。

一家小型家居用品品牌通过利用亚马逊的全球物流服务成功实现了国际销售。亚马逊为其提供了详细的物流费用报告，使该品牌能够更好地管理和控制其跨境电子商务物流费用。通过借助亚马逊的全球物流服务，这家小型家居用品品牌成功降低了物流成本，提高了国际市场的竞争力，实现了跨境电子商务的可持续增长。

这个案例突显了合理利用全球物流服务可以为小型企业创造更多的国际商机。

那么，该如何选择物流呢？不同形式的物流计算方法有什么不同呢？

一、中邮小包运费计算方法

中邮小包是当前跨境物流的主要物流方式（图 3-2），市场份额超过 50%。当前中邮小包分为国际（地区间）邮政挂号小包（以下简称邮政挂号小包）和国际（地区间）邮政平常小包（以下简称邮政平常小包），需要注意的是，邮政小包最大寄送重量要求低于 2 千克。

图 3-2　中邮小包是主要跨境物流方式

（一）邮政挂号小包

邮政挂号小包运费计算公式为

$$资费=小包重量（千克）\times资费标准（元/千克）+挂号费$$

1. 运送范围

邮政挂号小包支持发往全球 200 多个国家及地区。

2. 价格

运费根据包裹重量按克计费，1 克起重。每个单件包裹限重 2 千克。

（二）邮政平常小包

1. 运送范围

邮政平常小包支持发往全球200多个国家及地区。

2. 价格

运费根据包裹重量按克计费。30克及以下的包裹按照30克的标准计算运费，30克以上的包裹按照实际重量计算运费。每个单件包裹限重2千克，免挂号费。

（三）运费计算方法演示

小汪的贸易公司打算把一个包装后重1.2千克的包裹发往加拿大，请分别计算邮政挂号小包和邮政平常小包的运费。

【解析】

计算方法如下。

1. 邮政挂号小包

我国境内运至加拿大的运费为54元/千克，挂号费18元/件，然后计算该包裹的总运费＝1.2×54+18＝82.8元。

2. 邮政平常小包

我国境内运至加拿大的首重费用为3.45元/克，续重费用为113.81元/千克。因此该包裹的总运费＝3.45+（1.2×1 000−30）×113.81/1 000≈136.6元。

需要注意的是，如果该包裹小于30克，如为20克时，邮政平常小包的计算不能按直接重量乘以运费计算，而应该直接按首重的费用计算。从事跨境电子商务行业一定要仔细核算成本。通过这个例子我们发现，使用邮政挂号小包相对便宜一些，这也是2018年邮政资费改革后的特点：对于较重的物品（大于300克），使用邮政挂号小包费用较低，使用邮政平常小包费用更高；而不挂号的邮政平常小包更适合邮寄重量在100克及以内的产品。

二、e邮宝运费计算方法

（一）运送范围

中邮e邮宝支持发往美国、俄罗斯、乌克兰、加拿大、英国、法国、澳大利亚、以色列、挪威和沙特阿拉伯等38个国家和地区。

（二）价格

根据中国邮政速递物流官网发布的e邮宝资费和相关规定，运费根据包裹重量按克计费，美国、巴西、哈萨克斯坦、新西兰和日本起重 50 克，乌克兰起重为 10 克，其他路向起重为 1 克。英国和以色列每个单件包裹限重 5 千克以内，其他国家或地区每个单件包裹限重在 2 千克以内。

（三）运费计算方法演示

小汪的贸易公司在速卖通平台上成交的重量为 1.1 千克的商品需通过 e 邮宝的方式寄送到英国，请计算寄送美国的费用。

【解析】

计算方法如下。

我国境内运至英国 e 邮宝的运费为 60 元/千克，处理费为 17 元/件，则该包裹的总运费 = 1.1×60+17 = 83 元。

再查询到我国境内运至美国的运费为 64 元/千克，处理费为 15 元/件，则该包裹的运费 = 1.1×64+15 = 85.4 元。

需要注意的是，如果产品重量不足 50 克时，寄送到美国、巴西、哈萨克斯坦、新西兰和日本等国的运费需要按照 50 克计算。

三、国际（地区间）商业快递运费计算方法

当前主要的国际（地区间）商业快递有 UPS、FedEx、DHL、TNT 和 EMS 等五种，具体的物流成本计算方法如下。

（一）计费重量单位

一般以每 0.5 千克为一个计费重量单位。

（二）首重与续重

以第一个 0.5 千克为首重（或起重），每增加 0.5 千克为一个续重。通常起重的费用相对续重费用较高。

（三）实重与材积

实重是指需要运输的一批物品包括包装在内的实际总重量。

即当需要寄递的物品体积较大而实重较轻时，因运输工具（飞机、火车、船、汽车等）承载能力及能装载物品的体积所限，需要采取将物品体积折算成重量体积重量或材积，来计算运费的方法。

轻抛物是指体积重量大于实际重量的物品。

（四）计费重量

按实重与材积两者的定义与国际航空运输协会的规定，货物运输过程中计收运费的重

量是按整批货物的实际重量和体积重量两者中较高的一方计算的。

（五）包装费

一般情况下，快递公司是免费包装的，提供纸箱、气泡袋等包装材料。如衣物，不用特别仔细的包装就可以。而一些贵重、易碎物品，快递公司需要收取一定的包装费用。而包装费用一般不计入折扣。

（六）通用运费计算公式

1. 当需寄递物品实重大于体积重量时的运费计算方法

当需寄递物品实重大于体积重量时的运费计算方法公式为

$$运费=首重运费+［重量（千克）\times 2-1］\times 续重运费$$

如，5千克货品按首重150元、续重30元计算，则运费总额为

$$150+（5\times 2-1）\times 30=420（元）$$

2. 当需寄递物品实际重量小而体积重量较大时的运费计算方法

这时，运费需按体积重量标准收取，再按上述公式计算运费总额。体积重量计算公式为

$$体积重量（千克）=长（厘米）\times 宽（厘米）\times 高（厘米）/5\ 000$$

自2012年7月1日起，EMS针对邮件长、宽、高三边中任一单边达到60厘米及以上的包裹，规定都需要进行体积重量计算，计算公式为

$$体积重量（千克）=长（厘米）\times 宽（厘米）\times 高（厘米）/6\ 000$$

长、宽、高测量值精确到厘米，厘米以下去零取整。

3. 国际（地区间）快递的燃油附加费

如果燃油附加费为9%时，则燃油附加费的计算公式为

$$燃油附加费=［首重运费+（重量/体积重量\times 2-1）\times 续重运费］\times 9\%$$

（七）总费用

从上面各公式可得出

$$总费用=（运费+燃油附加费）\times 折扣+包装费用+其他费用$$

（八）运费计算方法演示

小汪的贸易公司要寄21千克普通货物包裹从上海到德国，总运费需要多少？

【解析】

公司选择某快递公司A，首重0.5千克260元，续重0.5千克60元，燃油附加费10%，折扣为8折。

那么，总运费 = ［260+（21×2−1）×60］×（1+10%）×80% = 2 393.6 元。

此外，某些快递公司对部分航线有特殊优惠价。例如，超过 21 千克时，它可以以一个特定的统一价计费。对于该例，通过 B 快递公司可以给到一个每千克 60 元的价格，则总费用 = 21×60×（1+10%）= 1 386 元。

知识拓展

跨境电子商务物流费用的影响因素

跨境电子商务物流费用涉及多个方面，其中一些因素可能因特定情境、国家或公司政策而有所不同。以下是一些影响跨境电子商务物流费用的因素。

（1）运输方式：运输方式是影响费用的主要因素之一。例如，空运通常比海运更昂贵，而快递服务则可能比标准邮政服务费用更高。

（2）距离和目的地：运送货物的距离和目的地的远近也会直接影响费用。通常而言，跨越更大的地理距离可能会产生更高的物流成本。

（3）包装：包装对于物流费用也很重要。合适的包装可以降低货物损坏的风险，但过于昂贵或过大的包装可能产生额外的费用。

（4）关税和税收：跨境电子商务涉及不同国家和地区，每个地区都有其独特的关税和税收规定。这些费用可能直接影响到最终的物流成本。

（5）物流服务提供商：不同的物流服务提供商可能有不同的定价策略。企业通常会与物流公司洽谈合同，以获取更有竞争力的费率。

（6）仓储：跨境电子商务通常需要在目标市场设置仓储设施，以更好地服务当地客户。仓储费用取决于仓库的位置、大小和服务水平。

（7）关键时期和季节性因素：物流费用可能在一年中的不同时期发生变化，例如在假日购物季节，由于订单量增加，物流费用可能上升。

（8）服务水平：不同的服务水平和交货时间可能有不同的费用。例如，加急或特殊定制的物流服务通常会伴随更高的费用。

（9）贸易协定和国际贸易政策：不同国家之间的贸易协定和政策也可能影响跨境电子商务物流费用。一些贸易协定可能会降低关税，而一些政策变化可能会导致额外的费用的产生。

企业在计算和管理跨境电子商务物流费用时，需要考虑以上因素，并不断监控市场动态和变化，以优化其物流策略。

第三节　海　外　仓

一家使用 Shopify 平台的小型跨境电子商务企业专注于销售健康食品产品。为了提高客户体验，降低运输时间和费用，他们决定与一家提供全球仓储解决方案的海外仓合作。

通过与海外仓的合作，这家跨境电子商务企业取得了以下成果。

（1）快速交付：将库存放置在目标市场附近的海外仓，大幅缩短了订单的交付时间，使得顾客能够更快收到他们的商品。

（2）降低运输成本：通过在目标市场内运营仓库，减少了国际运输成本，提高了企业的运营效益。

（3）提升品牌形象：定制包装和高效的物流服务提升了品牌形象，使企业在竞争激烈的市场中脱颖而出。

（4）高客户满意度：快速、可靠的交付服务和良好的包装设计提高了客户满意度，促使客户更愿意回购并推荐给其他人。

这个案例突显了通过合理使用海外仓服务，企业可以改善供应链效率、提高交付速度，从而提高顾客满意度和品牌忠诚度。

在 2015 年 5 月，商务部发布了《“互联网+流通”行动计划》，推动了许多电子商务平台和出口企业积极建设海外仓，以优化境外物流体系。海外仓的建设使出口企业能够将货物批量发送至境外仓库，实现当地销售和配送，这一新的跨境物流形式有效缓解了跨境电子商务领域的诸多痛点，为电子商务企业走向国际市场提供了有力支持。

通过海外仓，出口企业在客户下单后可直接从本地发货，极大缩短了配送时间，同时也降低了清关障碍。此外，批量运输的方式降低了运输成本，客户收到货物后也能轻松实现退换货，从而极大地改善了购物体验。

值得一提的是，2016 年，“海外仓”这一概念还首次被政府工作报告所提及，凸显了其在跨境电子商务领域的重要地位。

一、海外仓的概念

在跨境贸易电子商务中，境内企业将产品通过大宗运输的形式运往目标市场国家（地区），在当地建立仓库，储存产品，然后再根据当地的销售订单，第一时间做出响应，及时从当地仓库直接进行分拣、包装和配送。这些建立在海外的仓储设施就是海外仓（图 3-3）。

图 3-3 美国海外仓

二、海外仓兴起的原因

海外仓兴起的原因

（一）跨境电子商务的迅速发展对物流业的要求日益提高

退换货在境内网购中较为普遍，境外买家的心态与境内买家是一样的，也希望购买的东西快点送到手中，不满意还能轻松退换货，那怎么解决这个问题呢？回答是走出国门，提供与境外电子商务一样的本土化服务，充分利用中国制造的优势参与国际（地区间）竞争，这将是跨境电子商务实现可持续发展的关键。

实际上，海外仓将会成为电子商务时代物流业发展的必然趋势，原因如下。

第一，海外仓的头程将零散的国际（地区间）小包转化成大宗运输，会大大降低物流成本。

第二，海外仓能将传统的国际（地区间）派送转化为当地派送，确保产品更快速、更安全、更准确地到达消费者手中，完善消费者跨境贸易购物体验。

第三，海外仓的退货处理流程高效便捷，适应当地买家的购物习惯，让买家在购物时更加放心，能够解决传统的国际（地区间）退换货问题。

第四，海外仓与传统仓储物流相结合可以规避外贸风险，避免由节假日等特殊原因造成的物流短板，从而提高我国电子商务的境外竞争力，真正帮助电子商务物流提供本土服务，适应当地买家的消费习惯。

（二）跨境电子商务根据企业自身需求转型建仓

第一，跨境电子商务与境内电子商务最大的区别就是把货物卖到境外，不稳定的物流体系是一大挑战。无论是企业还是个体电子商务，要想把生意做大，不仅要维护好自己的电子商务平台，还需要一个能降低成本、加快配送时效、规避风险的海外仓储系统。在前期，卖家只要把货物大批量运到海外仓，就有专门的海外仓工作人员代替商家处理后续各项琐事，在线处理发货订单，一旦有人下单就立即完成抓货、打包、贴单、发货等一系列物流程序，这可以给商家腾出时间和精力进行新产品开发，从而获取更大的利润。

第二，在境外市场，当地发货更容易取得买家的信任，大多数传统买家更相信快捷的本土服务，在价格相差不大的情况下，他们更愿意选择设置海外仓的产品，境内配送速度更快、安全性更高。特别是在圣诞节等购物旺季，订单暴增，跨境配送的效率受到影响，丢包的风险加大，加上各国（地区）海关的抽查政策更加严格（例如，在途经意大利、西班牙海关时，包裹很容易被扣关检查），这将延迟配送的时间。而速度是与买家的满意度直接挂钩的，买家满意度的降低会威胁卖家账户的安全。因此，越来越多的境内卖家意识到应该选择海外仓。海外仓不仅可以将跨境电子商务中的物流风险“前置”，还会提高客户满意度，增加成交量，卖家的信誉和评价提高了，营业额也必然增长。

第三，除了本地发货的可信度和时效性，海外仓及其配套系统也能给卖家带来更好的跨境贸易购物体验，节省更多的时间，减少出错率。

（三）海外仓的数据化物流体系带动跨境电子商务产业链的升级

根据美国的经验，其海外仓已采取数据化、可视化的运营方式。我国可效仿这一模式。从长远来看，数据化物流日趋完善将进一步带动跨境电子商务产业链的升级。通过数据管理物流，分析流程中的时间点数据，有利于卖家在配送过程、成品发货流程等方面找出问题，在供应链管理、库存水平管控、动销管理等方面提高效率。

三、海外仓操作流程

以出口易为例。卖家根据对市场的预测进行备货，然后将这些货物交给出口易。出口易通过海运、空运等方式将卖家的货物运送到出口易在英国、美国、德国或者澳大利亚等地设立的仓库。当境外买家在卖家的网站、eBay 网店或者其他渠道购物后，卖家可以在出口易物流管理系统下单，填写需要配送的产品、买家的联系信息和选择本地配送方式。出口易根据卖家的订单要求，对卖家存储在出口易海外仓的产品进行境外当地配送，送达境外买家手中。

四、海外仓的优缺点

能得到跨境电子商务巨头们的青睐，海外仓必定有其自身特有的优势，那么它的优势具体体现在哪些方面呢？

（一）海外仓优点

1. 降低物流成本

从海外仓发货，特别是在当地发货，物流成本远远低于从我国境内发货，例如在中国发 DHL 到美国，1 千克货物要 124 元，在美国发货只需 5.05 美元（约合人民币 37 元）。

2. 提高物流时效

从海外仓发货，可以节省报关清关所用的时间。通过当地的海外仓发货，客户 1～3 天就可以收到货，大大地缩短了运输时间，加快了物流的时效性。

3. 提高产品曝光率

如果平台或者店铺在境外有自己的仓库，那么当地的客户在选择购物时，一般会优先选择当地发货，因为这样对买家而言可以大大缩短收货的时间，海外仓的优势也能够让卖家拥有自己特有的优势，从而提高产品的曝光率，提升店铺的销量。

4. 提升客户满意度

因为并不是所有收到的产品都能让客户满意，这中间可能会出现货物破损、短装、发错货物等情况，这时客户可能会要求退货、换货、重发等。这些情况在海外仓内便可调整，大大提高了物流的时效性，在一定层面上不仅能够重新得到买家的青睐，也能为卖家节省运输成本，减少损失。

5. 有利于开拓市场

因为海外仓更能得到境外买家的认可，从另一方面来看，如果卖家注意口碑营销，自己的产品在当地不仅能够获得买家的认可，也有利于卖家积累更多的资源去拓展市场，扩大产品销售领域与销售范围。

（二）海外仓缺点

当然，海外仓也是把双刃剑，有优点，也有自己的不足。

1. 必须支付海外仓储费

海外仓的仓储成本在不同国家（地区）会有所不同，卖家在选择海外仓的时候一定要计算好海外仓仓储成本与自己目前发货方式所需要的成本，两者对比进行选择。

2. 海外仓要求卖家要有一定的库存量

因为海外仓要求卖家有一定的库存量，所以对于一些买家特别定制的这类产品，就不适合选择海外仓储销售。

知识拓展

海外仓商品中的 VAT

VAT 全称为 value added tax，是欧盟的一种税制——销售增值税，指货物售价的利润税。它适用于欧盟国家境内产生的进口、商业交易及服务行为。VAT 销售增值税和进口税是两个独立缴纳的税项，商品进口到欧盟国家的海外仓会产生商品的进口税，而商品在其境内销售时会产生销售增值税 VAT。

如果卖家使用欧盟国家本地仓储进行发货，就属于 VAT 增值税应缴范畴，即便卖家所选的海外仓储服务是由第三方物流公司提供的，也从未在当地开设办公室或聘用当地员工，也需缴纳 VAT。

第四节　跨境电子商务的风险与保险

跨境电子商务涉及国际贸易和复杂的物流环节，因此伴随着一系列的风险。在这方面，购买跨境电子商务保险可以帮助企业应对潜在的风险。

一家小型的时尚服装品牌决定通过跨境电子商务扩大业务，主要面向北美市场。由于涉及海外销售和物流，企业认识到可能面临的风险，包括货物损失、运输延误、海关问题以及汇率波动等。因此，该企业购买了货物损失保险，以保障在商品运输过程中可能产生的损失。例如，如果货物在运输途中因事故或其他原因受损，保险将赔偿企业的损失。企业还购买了运输延误保险，以应对因各种原因导致的运输延误，这有助于减轻因延误而导致的库存成本增加和客户满意度降低的风险。考虑到跨境贸易可能面临的海关问题，企业购买了海关问题保险，以降低因海关审批延误、退运或关税问题而导致的贸易中断风险。由于交易涉及不同货币，企业采取了汇率波动保险，以规避货币汇率波动对盈利的不利影响。

通过购买跨境电子商务保险，这家小型服装品牌成功地降低了潜在的风险，并在跨境市场上取得了成功。保险的购买为企业提供了更全面的风险防范策略，降低了其在跨境贸易中可能面临的潜在损失。有了保险的支持，企业在面对突发状况时会更加从容，增强在国际市场上的信心。由于有效的风险管理，企业能够更安全地扩大业务规模，探索新的市场和客户群体，取得更多的销售机会。通过为客户提供更可靠的交付和服务，企业赢得了客户的信任，提高了客户忠诚度。

这个案例突显了购买跨境电子商务保险对企业在国际市场上稳健经营的重要性，有助于企业降低风险、增强信心，并促进其业务的可持续发展。

一、跨境电子商务的风险

（一）跨境电子商务面临的运输风险及损失

跨境电子商务在货物运输过程中主要面临因自然灾害和意外事故而导致的货物损失。海上货物运输的损失又称海损（average），是指货物在海运过程中由于海上风险而造成的损失，也包括与海运相连的陆运和内河运输过程中的货物损失。海上损失按损失的程度可以分成全部损失和部分损失。

1. 全部损失

全部损失又称全损，是指被保险货物全部遭受损失。全部损失可分为实际全损和推定全损。实际全损是指货物全部灭失或全部变质而不再有任何商业价值。推定全损是指货物遭受风险后受损，尽管未达实际全损的程度，但实际全损已不可避免，或者为避免实际全损所支付的费用和继续将货物运抵目的地的费用之和超过了保险价值。推定全损需经保险人核查后认定。

2. 部分损失

不属于实际全损和推定全损的损失为部分损失。按照造成损失的原因可分为共同海损和单独海损。

（二）跨境电子商务面临的经营风险

1. 供货风险

对于跨境电子商务来说，库存是痛点。库存少则影响产品销售；而库存多则占用资金。一旦产品销售不畅，企业的现金流就要承压。对于跨境电子商务来说，供货模式主要有三种。

（1）无货源模式

以亚马逊平台为例，用户在亚马逊平台下单，而后卖家在国内电子商务平台如淘宝下单，通过淘宝平台直接将产品寄给买家，跨境电子商务卖家通过赚取差价获利。这种模式适合订单数量较少的新手卖家。无货源模式的优点在于，如果可以找到靠谱供应商达成长期合作，那么跨境电子商务卖家可以获得相对较高的利润；缺点在于产品的售后服务流程比较烦琐，一旦产品出现质量问题或者退换货等问题，电子商务需要和供货商沟通，环节多，货物价值较小，耗时耗力但最后收益可能不大。

（2）跨境电子商务分销平台模式

跨境电子商务分销平台模式是随着跨境电子商务发展而发展起来的一种新模式。跨境电子商务分销平台提供从生产到海外仓备货的一站式服务，用户下单后商家可以将自己的需求告知跨境电子商务分销平台，由跨境电子商务分销平台提供一站式服务。国内比较知名的跨境电子商务分销平台有赛盈分销、夸克等。这种模式的优点在于跨境电子商务分销平台提供一站式服务，电子商务节省精力，缺点是利润可能较低。

（3）自备货源模式

随着订单数量增加，企业需要自己布局海外仓甚至是自建海外工厂来保证销售的持续性。自备货源模式的优点在于企业可以获得更多的利润。此外，如果是自建工厂的话可以获得对供应链的主导权。缺点是这种模式对跨境电子商务的现金流和供应链管理能力都提出了较高的要求。

2. 平台运营规则差异导致的风险

由于各国在语言、文化习俗等方面存在差异，不同国家的跨境电子商务平台运营规则存在较大差异，因此许多跨境电子商务经营者将淘宝店的运营方法照搬入亚马逊平台而吃了大亏。

国内淘宝电子商务在销售产品时会在快递包裹中放印有鼓励消费者好评的小卡片，如果消费者给产品好评会获得红包。这种做法鼓励用户给产品好评，同时淘宝平台也不反对这种做法。但是这种刷好评的做法在亚马逊平台却行不通了，亚马逊鼓励用户自发好评，认为放小卡片刷好评的行为是滥用评论并且违反了平台倡导的公平原则。

3. 同质化竞争而产生的侵权问题

亚马逊产品宣传页面（图 3-4）包含标题、图片、功能、评价等内容，其质量决定了顾客能否快速检索到产品，同时也是影响消费者购买选择的重要因素。亚马逊平台希望在节省顾客时间的同时能给消费者推荐性价比更高的产品，因此当消费者检索产品时，亚马逊会优先向顾客推荐具有“黄金购物车”认证的产品。所谓“黄金购物车”，即位于购物网页的右上角金黄色的图标。被亚马逊评为“黄金购物车”的产品，消费者在选购时可以选择“加入购物车”或者“马上购买”，这将大大提升消费者的购买效率。由于“黄金购物车”产品是由亚马逊官方评选出来的，有亚马逊平台背书，自然要比普通商品更具有竞争力。而对于没有“黄金购物车”的产品，消费者的购物过程会变得更加烦琐。消费者如果想要在没有“黄金购物车”的卖家处下单，需要先点击“查看所有购物选项”，再选择商家购买。因此，“黄金购物车”认证成了许多商家争抢的对象。

“黄金购物车”认证受到多种因素影响。原创品牌、价格、FBA 配送、订单缺陷率、产品订货量以及产品库存都是决定产品能否被评为“黄金购物车”的重要指标。

图 3-4　亚马逊产品宣传页面

4. 物流供应链短缺

物流也是跨境电子商务中的薄弱环节，物流成本高、速度慢、清关查验困难，是许多跨境电子商务企业面临的难题。当前跨境电子商务物流的主要运输方式有国际快递、专线物流、海外仓、亚马逊 FBA 等，疫情导致物流成本上升，企业普遍面临运费成本高的问题。2021 年 11 月，海外疫情再次暴发，而我国国内疫情得到良好控制，出口火爆，跨境物流一箱难求，物流运输成本飙升。同时美国厂商要为圣诞节备货，美国港口爆仓，货物周转缓慢，影响到了我国产品到达美国的时间。

（三）防范跨境电子商务经营风险的措施

1. 增强自主创新能力

跟风“爆款”可能会赚得一时快钱，但是从长期来看却可能会使企业丧失自主创新能力。亚马逊全球副总裁曾说，亚马逊将产品质量和顾客体验放在首位，企业应关注产品研发和产品差异化，这样才能使卖家从初期的成本和价格优势转变为产品质量优势和创新优势。

2. 打造自有品牌

跨境电子商务使得消费者从供应链的一个终端走到中心，因此卖家要有能力根据消费者实时的数据反馈进行产品的迭代和更新，并持续提升为顾客带来的品牌体验。如安克创新是我国早期“出海”企业的代表，主要生产数据线、移动电源等电子设备的周边产品。安克创新是亚马逊平台的大卖家，其在亚马逊平台上的销售额占其全年总销售额的 70% 左右。与大部分跨境电子商务卖家的区别在于，安克创新选择打造自有品牌，生产差异化的产品，经过 10 年的深耕，安克创新已成为一家市值达 500 多亿元的跨境电子商务龙头企业。近年来，随着“出海”经验的积累，我国卖家也越来越注重自有品牌的打造，向“微笑曲线”的两端跃迁。

3. 传统外贸企业必须加快转型步伐

电子商务的崛起使得企业能够以轻量投入和数据运营来打造品牌，这是传统外贸企业和代工工厂所不具备的优势。传统外贸企业主要依靠线下零售店销售，依靠参加外贸展会提升知名度。但是，随着互联网的发展，外贸行业正面临重新洗牌。疫情使得线下零售店的销售额被腰斩，外贸展会举行受限，因此传统外贸企业必须加快数字化转型，只有加强其供应链管理能力和数字营销能力，才能在激烈的行业竞争中找到生路。

4. 提升运营能力

与国内电子商务相比，跨境电子商务需要在更加复杂的环境中运营，这就对跨境电子商务经营者的经营能力提出了更高的要求。同时，在提升运营能力的基础上，我国的跨境电子商务卖家要尽可能地在多国运营，这样才能帮助企业降低对单一国家的依赖和风险。

二、跨境电子商务的保险

（一）海洋运输货物保险

在国际货物买卖业务中，海上保险是一个不可缺少的条件和环节。其中业务量最大、涉及面最广的海上保险是海洋运输货物保险。

海洋运输货物保险条款承保的险别分为基本险别和附加险别两类。

1. 基本险别

基本险别有平安险（free from particular average，FPA）、水渍险（with average or with particular average，WA 或 WPA）和一切险（all risks，AR）3 种。

平安险的责任范围如下。

① 被保险货物在运输过程中，由于自然灾害造成整批货物的全部损失或推定全损。被保货物用驳船运往或远离海轮的，每一驳船所装货物可视为一整批。

② 由于运输工具遭受意外事故造成货物全部或部分损失。

③ 在运输工具已经发生意外事故情况下，货物在此前后又在海上遭受自然灾害落海造成的部分损失。

④ 在装卸或转运时，由于一件或数件货物落海造成的全部或部分损失。

⑤ 被保险人对遭受承保范围内的货物采取抢救、防止或减少货损的措施而支付的合理费用，但以不超过该批被救货物的保险金额为限。

⑥ 运输工具遭难后，在避难港由于卸货所引起的损失以及在中途港、避难港由于卸货、存仓和运送货物所产生的特别费用。

⑦ 共同海损的牺牲、分摊和救助费用。

⑧ 运输合同订有“船舶互撞责任条款”，根据该条款规定应由货方偿还船方的损失。

综上所述，平安险的责任范围为自然灾害所造成的全部损失，以及意外事故所造成的部分或全部损失。

水渍险除平安险的各项责任外，还负责被保险货物由于自然灾害造成的部分损失。一切险的责任范围最大，包括平安险、水渍险和一般附加险。

2. 附加险别

附加险别是基本险别责任的扩大和补充，它不能单独投保。附加险别有一般附加险和特殊附加险。

一般附加险有11种，包括：偷窃、提货不着险，淡水雨淋险，短量险，渗漏险，混杂、沾污险，碰损、破碎险，串味险，受潮受热险，钩损险，包装破裂险，锈损险。

特殊附加险是以导致货损的某些政府行为风险作为承保对象，它不包括在一切险范围内，不论被保险人投保哪一种基本险别，要想获取保险人对政府行为等政治风险的保险保障，必须与保险人特别约定，经保险人特别同意。否则，保险人对此不承担保险责任。特殊附加险只能在投保平安险、水渍险和一切险的基础上加保。特殊附加险包括：交货不到险，进口关税险，舱面险，拒收险，黄曲霉素险，卖方利益险，出口货物到香港（包括九龙）或澳门存仓火险责任扩展条款，罢工险，海运战争险等。

（二）运费险

运费险是一种运费保险，分为买家退货运费险和卖家退货运费险两个类别，交易成功后运费险将自动失效，运费险一般为10~25元，根据距离、商品重量计算。

买家退货运费险是为解决买家在退货中由于运费支出产生的纠纷，保险公司针对网络交易的特征，适时推出的退货运费险产品，简称退运保险。退货运费险（买家）现阶段仅针对跨境电子商务平台支持7天无理由退货的商品，买家可在购买商品时选择投保，当发生退货时，在退款完结后72小时内，保险公司将按约定对买家的退货运费进行赔付。

卖家退货运费险是指在买卖双方产生退货请求时，保险公司对由于退货产生的单程运费提供保险的服务。

知识拓展

跨境电子商务风险防范技巧

跨境电子商务涉及不同国家和地区的交易，因此存在一些独特的风险。以下是一些跨境电子商务风险防范的技巧。

（1）了解目标市场法规和政策：不同国家和地区有不同的法规和政策，尤其是关于进口、关税和税收的规定。在进入新市场之前，详细了解并遵守相关法规是非常重要的。

（2）建立可靠的物流合作伙伴关系：选择可靠的国际物流服务提供商，以确保货物的安全、准时交付，并提供有效的跟踪系统。建立长期合作伙伴关系可以提高物流的可靠性。

（3）货币和支付风险管理：跨境交易可能涉及不同的货币，货币汇率波动可能对成本和利润产生影响。使用货币汇率工具或与金融机构合作，以管理货币风险。此外，确保选择安全可靠的支付方式，以减少支付风险。

（4）合理定价和费用结构：确保定价策略合理，并考虑包括物流费用在内的所有相关成本。透明的费用结构有助于建立信任，并降低客户投诉和退货的风险。

（5）建立强大的安全系统：保护客户数据、支付信息和交易记录是至关重要的。采用安全的在线支付系统，定期更新网站安全措施，并遵循国际数据保护法规。

（6）风险评估和监控：定期评估和监控市场、政治、经济和社会风险。使用数据分析工具来监控交易和客户行为，以及识别潜在的欺诈行为。

（7）建立退款和退货政策：制定明确的退款和退货政策，确保客户了解并同意这些政策。这有助于减少争议和纠纷，并提高客户满意度。

（8）多元化供应链：避免过度依赖特定供应商或市场，以减轻由于供应链中断或市场变化而产生的风险。考虑在不同地区建立多个供应商，并确保供应链的弹性。

（9）保险覆盖：考虑购买国际货运保险以覆盖货物在运输过程中可能发生的损失或损害。这有助于降低潜在的财务损失。

（10）及时响应和危机管理：在出现问题时，及时做出反应，并制订有效的危机管理计划。对于可能出现的危机，建立明确的沟通渠道，并采取措施维护品牌声誉。

通过综合考虑以上因素，跨境电子商务企业可以更好地应对和减轻潜在的风险，提高运营的可持续性和成功性。

本章小结

通过本章对跨境电子商务物流与保险的详细讲解，读者能够深刻认识到物流体系与风险保障在跨境电子商务运营中的重要性。合理利用海外仓等物流模式、优化物流成本与效率，以及通过保险机制来分散和转移风险，成为跨境电子商务企业不可或缺的管理策略。本章的学习不仅为读者提供了丰富的理论知识，更为读者的实际操作提供了宝贵的参考与指导。

课后思考

1. 通过本章的学习，我懂得了以下几点。

（1）______________________________

（2）______________________________

（3）______________________________

2. 关于跨境电子商务的物流，我在以下几方面有新认识。

(1) ______________________________

(2) ______________________________

(3) ______________________________

3. 关于跨境电子商务的风险，我在以下几方面有新认识。

(1) ______________________________

(2) ______________________________

(3) ______________________________

第四章

跨境电子商务产品操作及店铺优化

本章导读

在跨境电子商务的征途中，选品与店铺优化是两大核心环节，它们直接决定了产品能否在众多竞争者中脱颖而出，吸引并留住目标客户。本章将深入了解跨境电子商务选品的艺术，掌握如何根据市场需求、竞争态势及自身优势，挑选出具有潜力的热销产品。同时，本章还将详细解析产品上传的流程与技巧，确保您的产品能够准确无误地展示在目标市场面前。此外，本章还将重点介绍店铺优化的策略与方法，包括店铺设计、商品描述、关键词优化、促销活动等，打造专业、吸引人的店铺形象，提升用户体验与转化率。通过本章的学习，读者将掌握跨境电子商务产品操作及店铺优化的精髓，为店铺的成功运营奠定坚实基础。

学习目标

◎知识目标

1. 了解跨境电子商务产品的基本特征。
2. 了解跨境电子商务产品的选品原则。
3. 了解跨境电子商务产品的选品禁忌。

◎技能目标

1. 掌握跨境电子商务选品的方法。
2. 掌握跨境电子商务产品的上传流程。
3. 掌握跨境电子商务店铺的优化及推广技巧。

◎素质目标

1. 提升学生对跨境电子商务产品操作及店铺优化的认知。
2. 增强学生对跨境电子商务产品及店铺的学习意识，提高自身的综合素养。

思政目标

跨境电子商务从业者需要具备高度的责任感和使命感，需要具备诚信、守法、公正的价值观。需要认识到自己的工作不仅仅是为了个人利益，更是为了推动全球经济的发展和文化的交流。学生在学习跨境电子商务基本操作的同时，也可以学习到跨境电子商务从业者身上的这些精神和价值观，这有利于学生形成正确的价值观和职业操守，为以后的就业及职业发展打下基础，为社会做出应有的贡献。

第一节 跨境电子商务选品

跨境电子商务选品是一个关键的业务环节，成功的选品策略可以帮助企业更好地满足国际市场需求，提高销售额和客户满意度。

亚马逊是全球最大的跨境电子商务平台之一，其选品战略强调了全球化和本地化的平衡。亚马逊通过在全球不同市场设立仓储和物流中心，更好地满足当地客户的需求。例如，亚马逊会在我国仓库中存储中国制造的商品，以便更快地配送给北美或欧洲的客户。

速卖通是中国阿里巴巴集团旗下的跨境电子商务平台，其成功的选品案例涉及到了深度了解不同市场的文化和消费者需求。通过深入了解目标市场，速卖通帮助卖家选择适销对路的产品，并提供国际物流和支付解决方案，简化了跨境贸易流程。

Wish 是一家总部位于美国的跨境电子商务平台，以提供价格实惠的商品而闻名。Wish 的选品战略主要侧重于直接从制造商和供应商处采购廉价商品，并通过其平台向全球用户销售。Wish 通过研究用户数据和购物行为来不断调整和优化其产品推荐算法，提高购物体验。

这些案例突显了在跨境电子商务领域成功选品的关键因素，包括深入了解目标市场、灵活的供应链管理、对本地化的重视以及通过数据分析和技术优化选品策略。

那么，跨境电子商务在选品方面有哪些原则、禁忌和好的方法呢？

一、跨境电子商务产品的基本特征及选品原则

（一）跨境电子商务产品的基本特征

跨境电子商务成为互联网时代下的新生宠儿，受到了很多企业的狂热追捧，面对如此机遇，把握住商机最首要的一点就是要选择符合境外客户需求的产品，这些企业对于跨境电子商务这一市场跃跃欲试。然而在做跨境电子商务之前企业需要做许多准备，特别是对市场的调研，对跨境电子商务产品进行筛选。归纳总结后，跨境电子商务产品具备以下基本特征。

1. 产品市场潜力大，利润率相对较高，符合目标市场消费者需求

境内电子商务面对的基本是文化背景相同的消费者，而境外目标市场消费者的消费习惯与本国（地区）消费者不同，很多刚开始做跨境电子商务的公司不一定非常了解目标市场的文化，有可能你觉得很热卖的东西他们完全不感兴趣，你觉得很偏门、冷门的产品却成了他们的爆款。更何况，全世界有那么多的国家（地区），每个国家（地区）都有不同的文化和习惯，要确定你的产品到底适合哪个国家，适合什么样的消费者，便需要对目标市场消费者的购物习惯及行为进行深入研究，选择目标市场消费者喜欢的产品，从而赢得市场。

例如，当前大多数年轻人喜欢户外活动，针对这一广大人群，可以开发泳衣、球网、护目镜、手电筒、帐篷灯等产品。而节假日产品大多都会选择提前一个月开发、上架，因为一方面卖家需要提前备货，另一方面需要注意把控物流的时间。当然也可以选择一些季节性产品进行销售，如冬天来临时可选择帽子、手套、围巾等保暖产品；夏季来临前则准备迷你风扇、笔记本冰垫、散热器等降温产品。

2. 产品价格适中，一般选择单品价格 50~500 美元的产品

跨境交易需要考虑到国际（地区间）运费，如果产品单价太低，而运费比产品价格要高出很多的话，那么买家的购买欲望也是会下降的。同时产品单价过低，企业的利润就得不到保障，会做得比较辛苦，也很容易招来竞争者。

而产品单价过高，比如一些奢侈品、贵重物品，又很难与客户形成一种信任关系，也不容易促使买家下单。

因此，产品的售价需要有足够的利润，既不能赔本赚吆喝，也不能价高赶客，需要寻找到一个平衡点，设定合理的实价空间。

3. 产品要适合国际物流，体积小、重量轻，不容易破碎，适合长距离运输

跨境电子商务主要以零售为主，一般不大可能采用传统集装箱海运的方式运输。主要的物流模式包括：国际（地区间）邮政小包和国际（地区间）商业快递、专线物流、境内快递的跨境业务和海外仓五种方式，其中国际（地区间）邮政小包、国际（地区间）商业快递和专线物流是比较简单直接、使用频率较高的物流方式。据不完全统计，我国出口跨境电子商务业务70%的包裹都通过邮政系统投递，其中中国邮政占50%左右的份额。相对于境内物流，跨境物流的费用较高、运送时间长，这就要求跨境电子商务在选择产品时，要选择一些体积和重量相对较小、不容易破碎的产品销售。因为物流不仅直接关系到跨境电子商务的交易成本，还关系到买家对卖家的满意度、购物体验和忠诚度。

4. 产品简单易操作，售后成本低

在传统贸易情况下，如果产品出了问题，消费者可以直接找到经销商；如果整批货物出了问题，品牌还会启动召回流程。但在线跨境电子商务平台则复杂得多。跨境电子商务由于其发货周期较长、费用高，伴随的问题也往往比境内电子商务多，面临的售后服务是个很大的难题。所以在跨境电子商务平台一般尽量不销售功能多、操作起来复杂的产品，否则会增大客服工作量，影响售后服务的满意度。

（二）跨境电子商务的选品原则

跨境电子商务的选品原则

根据目前我国跨境电子商务发展所处的阶段和发展特点，以及跨境电子商务产品选择中面临的主要问题，针对跨境电子商务企业，对跨境电子商务销售的产品选择方面，要着重考虑以下几条原则。

1. 平台导向原则

近年来，跨境电子商务平台数量大大增加，到2015年，亚马逊、速卖通、兰亭集势等境内外跨境电子商务平台之间的竞争导致平台定位的差异化发展。在各大跨境电子商务销售平台的定位多元化背景下，跨境电子商务企业的产品选择就应该首先依据其经营的电子商务平台特征进行选择。因此，在进行产品选择时，应该根据不同网站平台的定位，研究该网站平台的目标市场及客户群体，从而针对性地制定在该销售网站平台上的产品种类、数量、定价等策略。

2. 产品通关及清关原则

有些产品是不能通过海关核查的，也有些产品国际（地区间）快递是不接受的。除了国家法律禁止的物品外，液体、粉末状物品、药品（需要专门的快递）、易燃易爆品等都是不能快递的；另外还需要搞清楚哪些国家（地区）是不接受某些进口产品的（比如，

澳大利亚不接受化妆品、珠宝等物品的清关）。详情可以根据自己的产品咨询相关的物流公司，也可咨询同行业资深人士。

3. 数据决策原则

产品种类、产品数量、产品销售平台的具体选择，仍然应该依靠数据来进行决策，也就是这里所说的数据决策原则，切忌不做市场调研就决定产品种类。一是从数据了解电子商务平台的定位，可通过分析电子商务平台的销售种类、客户群特征等来选择合适的电子商务销售平台；二是从行业数据入手，通过分析行业研究报告、会展数据等，确定适合经营的产品种类；三是对客户需求进行区域化分析，主要是依据各种数据分析工具，对不同种类产品的客户需求区域进行划分，并有针对性地选择不同区域客户对应的产品。

4. 价格适中原则

在跨境电子商务价格战和成本战的大背景下，很多跨境电子商务企业在选择销售产品时，过于关注产品价格和产品成本。这样会导致销售产品质量的下滑，最终只能陷入价格战和成本战的恶性循环中，当价格和成本不能再低，就只能退出市场。价格适中原则是指在保证质量的情况下，选择价格适中的产品进行销售，而将竞争点放到品牌竞争、信誉促销等方面，以培养电子商务企业的异质性和竞争优势（图 4-1）。

图 4-1　亚马逊平台价格策略

5. 渠道原则

尽管价格战和成本战阻碍了跨境电子商务行业的发展，但是对于跨境电子商务企业乃至所有企业而言，成本战略和价格战略仍然是重要的竞争优势源泉。但是，价格优势和成本优势并不应该通过人为压低价格或调换生产材料等方式获得，而应该通过挖掘渠道来获取。因此，在选择同一款产品进行销售时，渠道选择的不同也会导致不同的价格和成本。因此，渠道原则应该是跨境电子商务在激烈的市场竞争中获取竞争优势的重要原则。

二、跨境电子商务的选品禁忌

有很多产品是禁止在跨境电子商务平台上出售或者限制销售的。以速卖通为例，禁限售产品主要包括两大类产品：平台禁限售产品和侵权产品。跨境电子商务卖家在选品时，要杜绝选择这些产品，尽可能地避免侵权产品。

（一）平台禁限售品

1. 禁限售品目录

速卖通上很多跨境电子商务的产品都是从淘宝上转移过来的。需要特别注意的是，并不是淘宝网上允许销售的产品就一定能在跨境电子商务平台上销售。有些在淘宝网上可以销售的产品在速卖通上会被禁止销售，比如减肥药。所以跨境电子商务卖家在开店选品之前需要做好充分的了解。

速卖通平台禁止发布任何含有指向性描述的禁限售信息。任何违反禁限售规则的行为，阿里巴巴有权依据《阿里巴巴速卖通的禁限售规则》进行处罚。同时平台卖家不得在速卖通平台发布任何违反任何国家、地区法律法规或不符合监管要求的产品。

卖家不得通过任何方式规避平台的其他禁售产品管理规定及公告规定的内容，否则可能将被加重处罚，严重时可以采取关闭账户的处罚方式。

2. 违反禁限售产品目录的处罚标准

速卖通卖家如果违反《阿里巴巴速卖通的禁限售规则》，将会受到以下处罚。

（1）一般违规：一天内（即首次违规处罚时间起 24 小时内）累计扣分不超过 12 分；严重违规，每次扣 48 分，关闭账户。

（2）全部在线产品及下架产品均在“平台抽样检查”范围之内，如有违规行为会按照相关规定处罚。如果核查到订单中涉及禁限售产品，平台将会立即关闭该订单；如果买家已经付款，无论物流处于什么状态，卖家都必须全额退款给买家，并承担全部责任。

（3）针对恶意规避等情节特别严重行为（包括但不限于采用对产品信息隐藏、遮挡、模糊处理等隐匿的手段规避平台管理，经平台合理判断账户使用人本人或其控制的其他账户已因严重违规事件被处罚，账户使用人本人或其控制的其他账户被境内外监管部门立案调查，或虽未立案但平台有理由认为有重大嫌疑等严重影响平台管理秩序或造成一定负面影响的情况），平台保留直接扣除 48 分、关闭账户的权利。

（4）根据速卖通的处罚规定，每项扣分都将按行为年累计计算。例如，如果 2021 年 12 月 25 日卖家被处罚扣除 12 分，将会受到冻结账户 7 天的处罚；而被扣除的 12 分，需要在 2022 年 12 月 25 日才会被清零。如果卖家的处罚分数不断增加，那么整个店铺在搜索排序中的排名也会不断靠后。当累计扣分达到 48 分或者出现其他严重违规行为时，该卖家的账户将会被关闭。具体的处罚方式可扫描“违规行为的处罚规则”二维码了解。

（二）侵犯知识产权产品

2021 年 3 月，速卖通平台更新最新速卖通知识产权规则，严禁用户未经授权发布、销售涉嫌侵犯第三方知识产权的商品或发布涉嫌侵犯第三方知识产权的信息。进一步加大对知识产权侵权的处罚和监控力度，以打击恶意钻空子兜售侵权产品的行为。

1. 知识产权违规类型

（1）知识产权违规概述

速卖通平台严禁用户未经授权发布、销售涉嫌侵犯第三方知识产权的产品。如果发布、销售涉嫌侵犯第三方知识产权的产品，则有可能被知识产权所有人或者买家投诉。平台也会随机对产品（包含下架产品）信息进行抽查，若涉嫌侵权，则信息会被退回或删除，根据侵权类型执行处罚。

（2）速卖通平台知识产权侵权行为的类别

速卖通平台知识产权侵权行为主要包括但不局限于以下三类。

① 商标侵权

商标侵权分为严重违规和一般违规两种，前者指未经注册商标权人许可，在同一种商品上使用与其注册商标相同或相似的商标；后者指其他未经权利人许可使用他人商标的情况。

② 专利侵权

专利侵权指的是侵犯他人外观专利、实用新型专利、发明专利、外观设计。

③ 著作权侵权

著作权侵权指的是未经权利人授权，擅自使用受版权保护的作品材料，如文本、照片、视频、音乐和软件。

2. 侵犯知识产权处罚标准

速卖通一直重视对知识产权的保护，出台了很多政策保护规则，平台将为权利人提供维权投诉、品牌合作、知识产权投诉等一站式服务。自 2021 年 3 月 4 日起，速卖通平台全面执行新规，若卖家发布涉嫌侵犯第三方知识产权的信息，或销售涉嫌侵犯第三方知识产权的商品，则有可能被知识产权所有人或者买家投诉，平台也会随机对店铺信息、商品（包含下架商品）信息、产品组名进行抽查，若涉嫌侵权，则信息、商品会被退回或删除。根据侵权类型执行处罚。具体的惩罚措施详见“速卖通知识产权规则”二维码。

3. 对平台卖家的建议

（1）尊重知识产权

平台卖家要严格排查店铺的在线产品，若存在侵权行为，应立即将侵权产品删除。同时，严格把控进货来源，杜绝来源不明的产品，建议实拍图片，提高图片质量，让买家更直观地了解产品，以获得更多订单。

（2）发展有品质的自营品牌

尽量选择有品质的产品，并注册自有品牌，跟平台一起，扩大自营品牌影响力，让自己的品牌产品出海，不断增加附加值。

（3）完成品牌准入流程

完成品牌准入再发布品牌产品，不要发布未获得发布权限的品牌产品。

三、跨境电子商务选品的方法

（一）站内选品

跨境电子商务的火爆吸引了众多人群涌入跨境电子商务平台，而跨境电子商务的选品却给许多人带来难题，跨境电子商务正处于逐渐摆脱价格战和同质化的初级阶段，朝着品牌化和移动端的成熟方向发展。这样的趋势让大家更加注重选品的方法和技巧，注重产品的质量和品牌的打造。

站内选品的内容主要以速卖通为例，针对行业选品、产品选品、直通车选品及国家站选品展开，围绕市场和行业进行介绍。

1. 行业选品

行业选品，就是卖家选择从事什么样的行业经营。

登录“我的速卖通”—“生意参谋”—“市场大盘”界面，卖家可以选择自己想了解、进入的行业。如选择运动与娱乐婴儿活动用品行业，行业概况从上到下依次分为三个部分，即行业数据、行业趋势、行业国家分布。其中，“行业数据”和“行业趋势”中的“访客数占比”是指该行业访客数占上级行业访客数的比例；“浏览量占比”是指该行业浏览量占上级行业浏览量的比例；“支付金额占比”是指该行业支付成功（排除“风险控制”因素）的金额占上级行业支付成功（排除“风险控制”因素）金额的比例；“支付订单数占比”是指该行业内支付成功的订单数（排除“风险控制”因素）占上级行业支付成功的订单数（排除“风险控制”因素）的比例；“供需指数”是指该行业中的产品指数与流量指数之比，供需指数越小说明该行业竞争越少。

以行业数据为例，其中的数字是7天之内的访客数占比，包括流量分析、成交转化分析、市场规模分析等各个方面。

通过行业发展趋势，既可以看到趋势图，还可以查阅具体数据，点击系统里的“趋势数据明细”按钮，就可以查看。除此之外，我们还能从系统中了解这个行业（婴儿活动用品）在不同国家（地区）的分布。就婴儿活动用品行业而言，具体到某一国家（地区），能够看到速卖通上访客数最多的前两位分别是俄罗斯和巴西，比重分别高达36.78%和7.22%。

如果卖家对所从事的行业不了解，可以登录“我的速卖通”—“数据纵横”—“行业情报”界面，看看哪些是蓝海行业。所谓蓝海行业，是指尚待开发的、未知的市场空间。这些行业充满市场需求，可是竞争却不激烈，所以商业机会更多。相对而言，红海行业就是指那些竞争已经处于白热化的行业，如饰品行业、婚纱、服饰行业等。

2. 产品选品

产品选品首先要了解自己想从事的行业究竟有哪些产品。例如，如果卖家想卖童鞋，就要了解童鞋都有哪些细分类目，具体方法是：登录“我的速卖通”—“数据纵横”—“选品专家”界面，勾选“孕婴童”—“童鞋”。从系统中我们可以看出，童鞋的类目共分为“靴子”“儿童休闲鞋”“儿童平底鞋”“皮鞋”“花园鞋”“凉鞋”“拖鞋/家居鞋”七大类。采用同样的方法，可以查询其他类目。

以童鞋为例，登录“我的速卖通”—“数据纵横”—“选品专家”界面，勾选“孕婴童”—“童鞋”—“全球”—“最近30天”，然后通过下载原始数据，我们可看出其中成交指数最高的产品是child casual shoe（儿童休闲鞋）。要注意的是，这仅仅是单独从成交指数角度而言的，所以还不够全面，只能作为卖家的一种参考而已。

3. 直通车选品

直通车选品是指利用速卖通直通车选品工具和关键词工具来进行选品。登录“我的速卖通”—“数据纵横”—“选品专家”界面，我们可看到“热销”和“热搜”两大类别，这就是可以用来作为直通车推广产品引流测品的工具。这里的“热销”是从卖家角度而言的，以方便卖家寻找爆品、畅销产品；而“热搜”是从买家角度而言的，当然同样也可以帮助卖家寻找商机、开发新品。

知识拓展

生意参谋的选品功能

生意参谋是速卖通基于平台海量数据打造的一款数据产品，卖家可以根据生意参谋提供的数据，为卖家的店铺选品、产品营销指导方向，做出正确决策。通过生意参谋可以了解到目前平台卖家都在卖什么产品，也可以知道平台买家想要什么。生意参谋里的选品专家功能以行业为维度，提供行业热卖商品和热门搜索关键词的数据，让卖家能够查看海量丰富的热卖商品资讯并多角度分析买家搜索关键词，卖家可以根据选品专家提供的内容进行选品、调整产品、优化关键词设置。掌握如何利用生意参谋来选品是一项很重要的技能。

（二）站外选品

1. 分析思路

通过分析各种搜索引擎或网络销售平台的数据，从不同的角度和视角，综合运用各种分析工具，全面掌握选择适合该市场、该目标客户的数据依据。

2. 数据来源

（1）直接去境外进行实地调研

实地调研可以了解当地的客户在主要的采购场地购买哪些产品、价位如何、购买频率如何等，然后拿来跟境内相关产品进行比较分析。这种方法切实可行，获得数据较真实、直接，但是成本较高，耗时长，不是一般的跨境电子商务可以做到的。

（2）跟境外客户进行交流

多结交不同层次的境外人士，多跟他们交流，看看他们平时在线上、线下买些什么，愿意接受怎样的价格，得到数据后与境内相关产品进行比较分析。

（3）浏览境外相关零售网站

查看境外相关零售网站哪些产品销售情况更好，受到哪些人群光顾等。

（4）浏览境外品牌产品旗舰店

了解境外有关品牌产品的销售情况，为我们的品牌和特色产品定位寻找数据。

（5）平时生活的积累

想要开展跨境电子商务工作，就必须了解外国（地区）人的生活习性、兴趣、爱好。想要了解这些信息，最基本最直接的办法就是看该国（地区）电影、电视等，或许这些电影正在引领该国（地区）消费潮流。

（6）各种平台的数据分析

从这些数据平台上，我们可以看到该国（地区）客户主要搜索产品所属行业、国家（地区）、时间等，通过这些数据反过来可以看到他们的需求。

3. 分析方法

（1）借助 Google Trends 工具

可以通过 Google Trends 工具分析品类的周期性特点，把握产品开发先机。Google Trends 类似于境内的百度指数，工具地址为 http://www. google. com/trends。可以将行业或产品关键词、国家、时间等作为查询条件。例如，以关键词“swimwear”（泳装）为例，选择国家分别为美国和澳大利亚，搜索结果显示，在北半球的美国，5~7 月为泳装搜索的高峰期，而在南半球的澳大利亚，9 月至次年 1 月为泳装高峰期。因此，对于美国市场的产品开发，我们在 3~4 月就要完成；而对于澳大利亚市场的产品开发，则需要在 8~9 月完成。如果不知道目标市场品类热度的周期规律，则肯定会错过在这个目标市场的销售高峰。

（2）借助 KeywordSpy 分析工具

借助 KeywordSpy 工具发现品类搜索热度和品类关键词，同时借助 Alexa 工具，选择出至少三家该品类中以该市场作为主要目标市场的竞争对手网站，作为对目标市场产品品相分析和选择的参考。

KeywordSpy 工具地址为 http://www. keywords. com，可以将关键词、站点、国家等作为查询条件。还是以“swimwear”为例，选择美国为分析市场，查询条件选择 Keywords。搜索结果表明，在美国市场，“swimwear”月搜索量达到约 500 万次，市场热度较高。

（3）借助 Alexa 分析工具

Alexa 工具地址为 http://alexa. chinaz. com。以 landsend. com 为例进行查询，查询结果可以看到 landsend. com 这个网站的日均 IP 流量（代表网站的整体知名度）及该网站在各个地区的排名情况（代表网站在各个地区的知名度）。

仔细分析搜索结果，我们可以得出结论：这个网站的设计是以美国为主要目标市场，以北美为基础的推销中国产品的综合性宣传平台，且在美国有较高知名度。结合 KeywordSpy 工具的分析，我们可以确定：要想打开美国或北美市场，特别是泳装市场，此站完全可以作为用于研究适合美国市场的泳装产品的消费人群、消费能力、品相及价格定位的一个窗口，作为卖家在美国乃至北美市场的泳装类别的参考网站。

（4）通过 Excel 软件中的 VLOOKUP 功能来进行分析等

VLOOKUP 函数是 Excel 等电子表格中的横向查找函数，它与 LOOKUP 函数和 HLOOKUP 属于同一类函数，VLOOKUP 是按行查找，而 HLOOKUP 是按列查找。关于该数据分析，在此不做详解。通过这种方式的分析，可以得到你想得到的所有数据比较，为选品提供直接的数据说明。

知识拓展

紧跟潮流选品

跨境电子商务选品可以参考一些国际潮流网站及社交平台（Facebook、Twitter、SNS、Instagram 等），在这个网络时代，外国人喜欢在一些社交网站分享一些逸闻趣事，也有一些博主和网红会推荐给大家一些时尚潮流的新品，这些都可以成为卖家参考或开发的新商品。选品还可以参考明星及影视作品，比如一些电影上映时的衍生产品。

第二节　跨境电子商务产品上传流程

跨境电子商务产品上传是将商品信息有效地展示在平台上，以便引起潜在买家兴趣的重要环节。

亚马逊为卖家提供了直观的产品上传工具，支持批量上传和编辑。卖家可以添加丰富的商品信息，包括标题、描述、关键词、图片等。亚马逊还通过提供 A9 搜索引擎优化服务，帮助卖家提高产品在平台上的曝光率。

eBay 是一个全球性的在线市场，其产品上传界面相对灵活且易于使用。卖家可以上传多张高质量的图片、详细的商品描述和关键信息，以帮助买家更好地了解产品。eBay 还提供了多种商品分类和属性选项，有助于确保商品能够被准确地搜索和匹配到适当的买家。

京东国际为卖家提供了直观的商品上传工具，支持多语言、多货币设置。卖家可以上传高清图片，提供详细的产品参数和描述，以便更好地吸引国际买家。

这些案例表明，跨境电子商务平台为卖家提供了各种工具和选项，以便他们能够有效地上传和展示产品。卖家在上传产品时需要注意平台的规范和要求，确保产品信息准确、完整，以提高商品在平台上的曝光和销售机会。

一、设置物流模板

以速卖通平台为例，卖家在发布产品之前需要事先设置好产品运费模板，如果尚未进行自定义模板，那么只能选择新手运费模板才能发布。

（一）新手运费模板

首先，登录速卖通店铺后台，点击“商品”下的“物流模板”，接着，了解一下新手运费模板，即后台显示的“Shipping Cost Template for New Sellers”。单击模板名称，可以看到“物流方案”和“承诺运达时间”，按提示操作即可。

（二）新建运费模板

对大部分速卖通卖家而言，新手模板并不能满足其需求，因此需要进行运费模板的自定义设置。设置入口有两个：一是直接单击“新建运费模板”按钮（图 4-2），二是单击“编辑”按钮编辑已有运费模板。虽然两种方式点击后显示的界面不一样，但包含的内容是一致的，即目的地（所有该线路可到达的地区）选择发货地区、选择物流方式、设置折扣、承诺运达时间，进入相应界面后按提示操作即可。

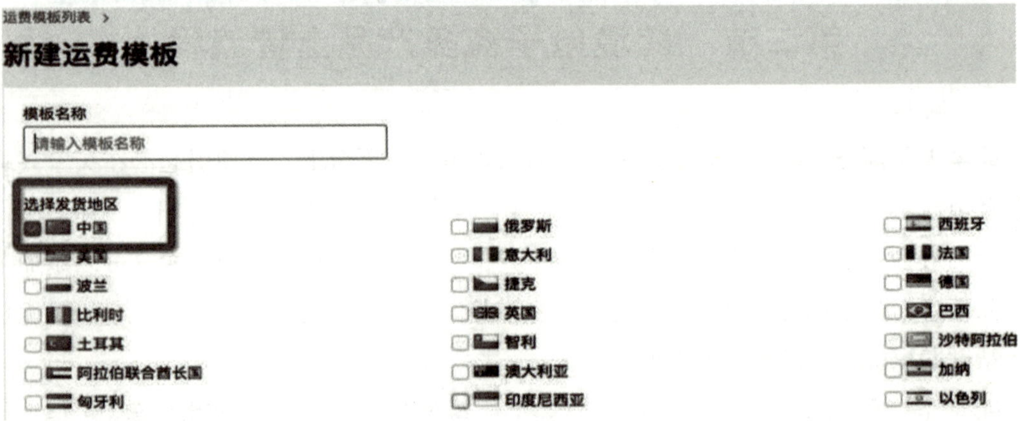

图 4-2　速卖通新建运费模板界面

二、产品上传

跨境电子商务店铺运营的首要内容，也是最重要的工作内容就是上传、发布产品。

（一）产品发布的流程

不同的跨境电子商务平台的产品上传方式和流程不尽相同，但都包括设置产品标题、放置产品图片、计算产品价格、填写产品属性信息等环节。境外的一些跨境电子商务网站，如亚马逊等则需要在上传产品的时候制作表格。

由于上架的产品数量不断增多，为了便于管理，还需要填制产品信息表格，涵盖产品的编号、成本、重量、不同利润率下的价格等。以速卖通平台为例，产品发布的流程如图 4-3 所示。

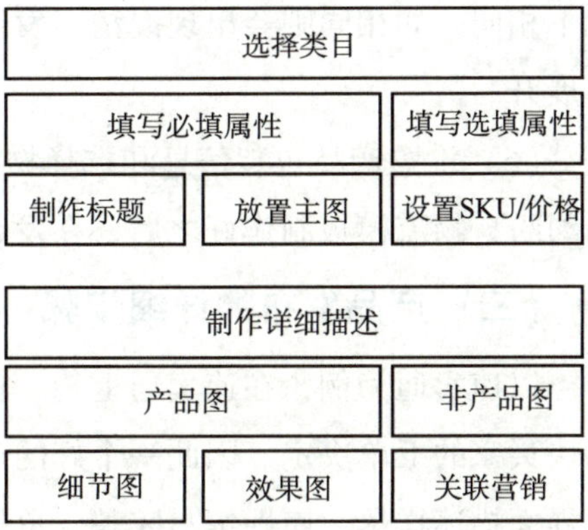

图 4-3 速卖通平台产品发布的流程

（二）产品上传的步骤

产品上传的步骤如下。

(1) 制作上架产品信息。在实际操作之前，应该制作一系列的产品信息文件，包括主图、详情页图、产品价格、产品标题、产品属性等。

(2) 准备好产品信息后，就开始上传产品。首先是选择产品所属类目，这部分要求掌握产品的英文名，只有对行业有比较准确的认识，才能把产品传到正确的所属类目。如果传错了产品类目，将会影响买家的搜索。有些跨境电子商务平台会对放错类目的产品进行诊断，并打击恶意放错骗取曝光的行为。那么如何在发布过程中避免类目错放呢？

① 要对平台的各个行业、各层类目有所了解，知道自己所售产品从物理属性上来讲应该放到哪个大类目下，如准备销售手机壳，应知道是属于手机大类的。

② 可在线上通过产品关键词查看此类产品的展示类目，作为参考。

③ 根据自己所要发布的产品逐层查看推荐类目层级，也可以参考使用产品关键词搜索推荐类目，从而在类目推荐列表中选择最准确的类目，发布时要注意正确填写产品的重要属性。

(3) 选择好产品所属类目之后，需要在产品发布界面填写产品属性。产品属性是指产品各方面的信息。在网上交易时，买家无法看到产品的真实信息，只能根据产品的图片、描述来进行判断，因此真实准确的属性信息对一个产品尤其重要。在发布产品时，属性填写应尽量准确，因为如果属性填写不准确，将会使买家在搜索时不能准确得到自己想要的产品。

(4) 产品标题的拟定、关键词的选择，以及产品主图的放置，这部分可以事先考虑好再操作。

(5) 设置 SKU 和设置产品价格。SKU 即库存进出计量的单位，定义为保存库存控制的最小可用单位，可以以件、盒、托盘等为单位。针对跨境电子商务而言，SKU 还有另外的注解。

① SKU 是指一款产品，每款都有一个 SKU，便于识别产品。

② 一款产品多色，则有多个 SKU，如一件衣服，有红色、白色、蓝色，则 SKU 编码

也不相同，如相同则会出现混淆、发错货的情况。再下来是制作产品详情界面，具体在后续展开。

（6）设置产品包装信息和选择物流模板。产品的包装信息要填准确，避免产生不必要的纠纷。物流模板制作好之后，在发布产品的时候选择相应的物流模板即可。

（三）产品发布的详细步骤

以速卖通为例，在速卖通上传一个好的产品信息，能够更好地提升产品的可成交性，加快买家的下单决定。因此一个好的产品描述应该做到标题撰写专业、图片设置丰富、详情界面描述详尽、属性填写完整、价格设置合理、运费设置完善、备货及时等。

在速卖通发布一个产品主要包含以下几个步骤。

1. 类目选择

请注意一定要根据自己产品所属的实际类目进行选择，方便买家更加快速地找到销售的产品。避免选错类目，错放类目的产品，曝光会受到影响甚至会受到平台的处罚。从2016年起，速卖通把各行业划分为八大经营范围，每个经营范围分设不同经营大类。而每个速卖通店铺只准选取一个经营范围进行经营，并可在该经营范围下跨经营大类经营。只要产品类目在同一经营范围内，店铺卖家就可以发布多个类目的产品。在发布产品时，产品要正确放置在各经营大类二级或三级类目下。如果在经营大类下发布非该经营大类所属产品，规避速卖通类目准入政策，或卖家通过作弊手段进行年销售额作假等，速卖通将依据严重扰乱平台秩序等规则执行账户处罚。

2. 产品基本属性的填写

产品属性包含两个方面：系统定义的属性和自定义属性。产品属性是买家选择产品的重要依据。一定要详细、准确地填写系统推荐属性和自定义属性，提高曝光机会。自定义属性的填写可以补充系统属性以外的信息，让买家对卖家的产品了解得更加全面。

3. 标题填写

产品标题是买家搜索到所销售的产品并吸引买家点击进入产品详情界面的重要因素。字数不应太多，一般各平台都有字数限定，要尽量准确、完整、简洁。一个好的标题可以包含产品的名称、核心词和重要属性。不要在标题中罗列、堆砌相同意思的词，否则会被判定为标题堆砌。

4. 产品图片设置

在选择产品图片时，可以选择发布多图产品。多图产品的图片能够全方位、多角度展示卖家的产品，大大提高买家对产品的兴趣。建议卖家上传不同角度的产品图片。多图产品最多可以展示6张图片。

5. 同一款产品不同属性的设置

同一款产品，因为颜色不同，产品的价格也会不同，所备的库存也是不同的，可以分别进行设置。

(1) 针对不同颜色进行价格设置时，一定要注意产品是批量销售的还是单个销售的。

(2) 对于每个颜色的产品，可以上传本产品的缩小图，也可以选择系统定义的色卡。

(3) 对于同一款产品，不同颜色的可以按照每种不同的颜色设置是否有库存。

6. 产品详情描述

尽量简洁清晰地介绍产品的主要优势和特点，不要将产品标题复制到详情界面中。产品的详细描述是让买家全方面了解产品并有意向下单的重要因素。优秀的产品描述能增强买家的购买欲望，加快买家下单速度。产品的详细描述主要包含以下几个方面。

(1) 产品重要的指标参数和功能（如服装的尺码表、电子产品的型号及配置参数）

(2) 5 张及以上详细描述图片。

(3) 售后服务条款。

7. 包装设置

在填写包装设置时，一定要填写产品包装后的重量和体积，这直接跟运费价格相关，请一定要准确填写。

8. 运费设置

合理的运费设置可以大大降低产品的成本，因此在设置之前，一定要先跟物流公司确认好物流的价格和折扣，再定义运费。目前有两种方式可供选择。

(1) 直接选择完整提供的新手运费模板，后期可以选择采用速卖通合作的物流服务商或者自己联系货代公司发货。

(2) 自定义运费模板。根据自己的经验和快递公司协商好的物流折扣，设置合理的运输方式及价格。

9. 其他设置

(1) 选择正确的产品分组，方便后期买家在卖家店铺中查找商品，选择合适的库存扣减方式，便于卖家后期对产品的管理。

(2) 可选择支付宝付款，同时勾选商品发布条款。

在编辑完产品之后，点击提交，就可以看到产品进入审核阶段，24 小时后可以去检查一下产品的审核情况，审核通过后，买家就可以找到上传的相关产品。

第三节　跨境电子商务的店铺优化

跨境电子商务店铺优化是提高店铺在平台上曝光、吸引潜在买家并增加销售的关键环节。

速卖通通过强大的搜索引擎优化和推荐算法，为卖家提供更多的曝光机会。卖家可以通过填写详细的产品信息、提供高质量图片和积极参与平台活动来提高店铺的可见度。速卖通还提供了多语言和多货币支持，以满足全球买家的需求。

亚马逊强调卖家填写完整的产品信息，包括清晰的标题、详细的描述和高质量的图片。通过使用亚马逊广告服务，卖家可以提高其产品在搜索结果中的排名。亚马逊还推崇客户评价和反馈，这有助于提高信任度和商品的可信度。

京东国际为跨境卖家提供了一站式服务，包括清关、支付、物流等。店铺在京东国际上展示的商品需要符合我国的市场需求，因此店铺优化需要针对我国消费者进行定制。京东国际也鼓励卖家参与平台活动，提高店铺在平台上的曝光度。

这些案例表明，跨境电子商务店铺优化需要综合考虑产品展示、用户体验、社交媒体整合以及平台合规要求。成功的店铺优化不仅关注于吸引买家，还注重提高购物体验和建立长期的客户关系。

在运营过程中，许多跨境电子商务平台的卖家都面临着曝光量、浏览量和访客数等关键指标不理想的问题，甚至许多店铺的成交量为零。这种情况的原因主要包括店铺优化不足和推广力度不够。

一、优化店铺

跨境电子商务的店铺优化主要体现在以下几个方面。

（一）优化产品标题

当出现以下三种情形时，卖家就需要对产品标题进行了优化：一是产品在档期内滞销，即卖家上传的产品在 14 天、30 天、60 天内的浏览量低、访客数少；二是同款产品与其他店铺的价格相差不大，但销量不如其他店铺；三是曝光量低、跳失率高，这很可能是因为产品标题没有很好地挖掘产品属性和卖点。

以速卖通为例，具体优化方法是：卖家可登录“我的速卖通”—“数据纵横”—“搜索词分析”界面，输入原本产品标题中的主要关键词，查看排在前几位的产品标题是否已经包括自己的产品；若不包括，卖家可以换个关键词，重新进行搜索，看哪个关键词搜索人气最高或较高，从而进行修改，以使自己的产品也能被买家搜索到，并排在前两页。

（二）优化产品详情页

对产品详情页的优化，主要体现在属性、图片、文案 3 个方面。

1. 对产品属性的优化

因为买家登录产品详情界面后，首先看到的是产品属性的部分，尤其是产品使用价值，这往往是买家决定是否下单的关键。一般来说，卖家在完善产品属性时，完整度要超过产品发布界面所提示的平均值，这样才能增加被买家搜索到的机会。

2. 对产品展示图片的优化

速卖通上的动态图（主图）可以放 6 张图片，在这其中尤其要注重首图的展示效果，像素要求是 800×800 像素，然后，要分别从正面、侧面、反面、细节、包装五位一体全面展示产品效果。虽然增加水印有助于保护图片版权，但这样做有可能降低买家的体验效果，所以平台一般不主张卖家在主图上加水印。如果能在图片上增加一些简单的促销、打折语，如“hot”“10% off”等，会有助于提高点击率。

为了节省买家登录网页的时间和流量，速卖通上的产品详情图数量不宜过多，一般以 8~12 张为好，最多不宜超过 15 张。目前，许多买家是用手机上网的，并且今后手机上网是发展趋势，所以详情界面的优化目标应当追求少而精。

3. 对产品文案的优化

对文案的优化应主要放在以下几个方面。

（1）设置问候语，对买家的光临和选购表示感谢。

（2）优化购物须知，设身处地地为买家着想，解答他们可能会遇到的问题。如果卖家正在开展促销活动，不要忘记提醒买家。

（3）优化产品描述，可展示产品的各个细节，也可以展示产品的品牌、信誉等实力，或者展示产品的卖点、买家评价、销售盛况来以情感人，或者在买家购买、付款、验货、退换货、保修等方面加以说明，让买家放心下单，抑或展示卖家正在开展的各项优惠活动，让买家感到便宜、实惠。

（4）优化卖家承诺，要迎合买家的心理给予承诺，让买家产生更大的信任感。

（5）优化购物指南，主要是指导买家如何挑选产品、如何选择物流、如何付款、如何使用优惠券等，拉近彼此之间的距离。

（6）引导买家评价，鼓励买家把自己的购物体验写下来。这既是对买家的一种尊重，也是对其他买家的一种指引。

（7）提高买家忠诚度，如邀请买家成为本店会员等。

（三）优化产品价格

对产品价格优化的目的是促使卖家的店铺在平台搜索上排名靠前，增加曝光率，提高点击率和转化率。

对产品价格的优化主要体现在以下 3 个方面。

1. 产品的自我优化

产品的自我优化主要是科学设置产品的零售价格和批发价格。例如，如果同款产品有几个，可以把销量不太好的产品的价格设置得低一些，以此来吸引买家点击。而卖家的真正目的在于，通过这种方式刺激买家浏览利润相对丰厚的其他产品。对于批发价格设置，可以设置成两件起批，给予买家 10%~30%的价格折扣，促使买家多买。因为这时的跨境物流费用几乎不变，所以这种折扣销售双方都得益。

2. 向竞品价格看齐

若价格设置不合理则会无人问津，所以卖家应多了解平台上同类竞品的价格情况，以作为一种参考。

3. 多采用心理定价法

境外买家和境内一样，有一种心理定式，那就是常常会以“0”作为价格临界点，而这就给心理定价法创造了机会。

具体地说，价格尾数可以取吉利数如“6”“8”来激发买家欲望，用“9”来让买家觉得便宜，而且会觉得你的定价很认真、很精确，从而产生一种信任感。例如，一件产品定价 10.04 元就不如定价 9.99 元，前者会让买家感到已经超过了 10 元，后者则会令人感到还不到 10 元，而其实两者之间只不过相差 5 分钱。

（四）优化店铺本身

对店铺本身的优化，主要包括优化装修风格、加大营销宣传力度、完善装修、提升买家好评率和降低买家不良体验订单率五个方面。

店面装修布局不好，自然难以引起买家关注，买家好评率低、不良体验订单率高，更不会吸引买家。

1. 优化装修风格

优化装修风格主要包括两个方面：一是根据产品来优化统一风格，例如，销售男装的店铺和销售手表的店铺风格肯定是不同的；二是根据促销活动内容来优化并统一风格，这主要是配合和呼应平台活动的氛围。

2. 加大营销宣传

营销宣传主要是卖家配合平台推出营销活动，如限时限量折扣、全店铺打折，界面上会有醒目的“打折（off）”标记，开展店铺满立减、店铺优惠券活动时，会有图标供买家点击使用。而这时候，营销宣传上就要故意给买家制造一种紧张气氛，促使买家尽快下单，不让他有过多的犹豫和“货比三家”的时间，导致订单流失。如限时限量折扣时间一般不要超过 7 天，全店铺打折、店铺满立减、店铺优惠券的活动时间不要超过 3 天，并且店铺优惠券的使用期限不要超过 10 天等。

3. 完善店铺装修

卖家在速卖通上发布产品的数量要达到 10 个，这才具备开通商铺并对店铺进行装修、完善装修的条件。产品数量达不到 10 个，便不能创建店铺；如果创建后上架产品减少到 10 个以下，速卖通也会关闭店铺，只保留产品。

完善店铺装修的具体办法如下。

（1）首先，登录“我的速卖通”—“店铺”—“商铺管理”—“店铺装修及管理”界面。

（2）要充分运用“店招”模块，完善“轮播图”模块区域，吸引买家注意。

（3）要充分利用“排行榜”模块。展示整个店铺前 3 个热卖产品（按最近 3 个月销量排序），引导买家购买店铺爆款。

（4）要巧妙地利用自定义模块工具。因为跨境电子商务针对的是境外买家，而这些买家分布在全球各地，所以要针对买家所在国（地区）语言，通过添加自定义模块，来设置该国（地区）语言或多国（地区）语言按钮。

4. 提升买家好评率

提升买家好评率的途径主要有 3 种：一是产品描述要客观、实际，买家最看重的是产品本身；二是提供的物流方式性价比高、在途时间短，同时尊重买家对物流方式的选择；三是通过赠送小礼物、嘘寒问暖等方式来表达对买家的关心，争取提高回头率。

5. 降低买家不良体验订单率

降低买家不良体验订单率的计算公式为

买家不良体验订单率 = 买家不良体验订单数/所有考核订单

因此，降低买家不良体验订单率的途径主要有两条：一是降低买家不良体验订单数；二是增加考核订单数。降低买家不良体验订单数的办法主要是：耐心解答、主动沟通，加强库存管理、减少发货失误，让买家了解物流进程，提高询问满意程度并及时安抚不满情绪。增加所有考核订单的办法主要是扩大销售，因为只有销售才会带来订单。

二、跨境电子商务的店铺推广

速卖通店铺推广涉及方方面面，所以要有一个系统的营销方案。在这方面新老店铺因其所处不同阶段，所以侧重点各不相同。

（一）新设店铺的推广

新设店铺浏览量小且不稳定，店铺信誉度低、评价少，订单转化率低，缺少热卖产品，在市场精确定位方面也缺乏经验。所有这些，都是新手卖家的薄弱之处。

在这种情况下，店铺推广的着重点要放在一些基础工作上，如选品、选词、产品描述等方面。过了这个阶段后，再通过数据分析调整方案、优化店铺。最后运用基础营销方式，完善推广方案。

在选品时，可以遵照 2∶7∶1 法则，即 20%选择热销产品，目的是低价引流；70%选择促销产品，通过打折促销提升转化率、赚取利润；10%是品牌产品，主要是为了获取品牌价值（但要注意避免知识产权纠纷），如果卖家无法区分这些产品分类，那就不妨先各种产品都选一点以试探市场。

在选词时，要把重点放在长尾关键词上，这是新开店铺最主要的流量来源，而且适合长期进行下去，同时关注搜索排名位置的变化。竞争大、流量高的热门关键词也可以用，但不宜大量添加，而更适合做短期推广。

在产品描述时，标题要突出卖点，如用材、促销、质量；图片要经过适当加工，以便更好地对产品进行全方位展示。产品详情描述可以从质量证明、认证入手，突出卖家实力、客户好评等。

在调整推广方案时，要根据已有关键词的排名，在保证流量、不超预算的前提下，尽量延长推广时长，及时添加市场上流行的时尚关键词。把曝光率较高的关键词和转化率较高的产品组合起来，调整曝光率较高、点击率较少的产品图片排位，每隔一段时间就加以分析、调整、优化。在完善推广方案时，要特别注重速卖通上的各项促销活动，如限时限量折扣、满立减、全店铺折扣、优惠券、平台大促、品牌馆活动等结合起来。

（二）原有店铺的推广

已经经营一段时间的店铺，要在巩固自然流量引入的基础上继续选择合适的店铺活动方式来增加流量，在此基础上也可以考虑通过直通车付费推广，或委托专业推广公司、社交媒体推广等多种方式进行推广。

直通车付费推广，是按照点击付费方式来帮助卖家进行产品推广的方式，所有卖家都可任意选择。直通车费用初次充值的最低额度是 500 元，一旦充值就不许提现，也不许退出。直通车推广的投入较大，并且其效果好坏很难精确衡量。一般来说，热门关键词如果要想排到第1页，每次点击需要耗费几元甚至十几元，费用可谓不低，但卖家可以控制每天的消费金额。例如，如果卖家每天控制消耗金额的上限是200元，那么当这200元用完后，当天的产品推广便将终止，这样就不会产生无法控制的流量费用了。

委托专业推广公司进行推广的优点是效率高。这一点对速卖通卖家来说很重要，因为买家都在境外，所以在选择推广公司时一定要关注该公司是否拥有足够的境外买家资源，这样才能具有明确的针对性。由于卖家店铺中可能拥有成百上千种产品，所以把一两种销售份额最高的产品（最好是单种产品的销量要能占到总销量一半左右）委托给专业推广公司推广，在打造爆品的同时起到引流作用。这种推广费用并不高，一般100元就能买到爆品推荐套餐了。至于其效果，可登录“我的速卖通”—“数据纵横”网页查看。

知识拓展

店铺的装修技能

客户对店铺的第一印象直接影响客户的认知度，一定程度上还会影响客户的选择。而店铺漂亮的装修会给客户留下良好的印象，也能更好地展示产品，这是客户选择我们的第一步。同时高质量的产品图片则会直接影响客户的购买决定。所以，卖家一定要掌握店铺装修的技能，不要忽略这些最基础的影响客户感官的点，而一味地去打价格战。

本章小结

选品是跨境电子商务的第一步，也是至关重要的一步。产品上传流程的规范与技巧，则确保了产品信息的准确传达与展示。同时，店铺优化作为提升用户体验与转化率的重要手段。通过本章的学习与实践，读者不仅能掌握选品与店铺优化的理论知识与实用技巧，更重要的是，还能够学会了如何根据市场需求与竞争态势，灵活调整策略与方法，不断优化店铺运营效果，实现销售业绩的持续增长。

课后思考

1. 通过本章的学习，我懂得了以下几点。

(1) ____________________

(2) ____________________

(3) ____________________

2. 关于跨境电子商务的选品，我在以下几方面有新补充。

（1）____

（2）____

（3）____

3. 关于跨境电子商务的店铺优化，我在以下几方面有新认识。

（1）____

（2）____

（3）____

第五章

跨境电子商务的营销推广

本章导读

在跨境电子商务的激烈竞争中，有效的营销推广策略是吸引客户、提升品牌知名度与销售额的关键。本章将深入探索跨境电子商务营销的奥秘，从营销概述出发，勾勒出一个全面的营销框架。随后，将重点解析跨境电子商务站内营销与站外营销两大板块，帮助读者掌握如何利用平台内部资源实现精准推广，以及如何通过站外渠道拓展市场、吸引潜在客户。通过本章的学习，读者将了解到跨境电子商务营销的最新趋势、实用技巧与成功案例，为跨境电子商务之路增添强劲动力。

学习目标

◎知识目标

1. 了解跨境电子商务营销的定义。
2. 熟悉跨境电子商务营销的功能。
3. 了解跨境电子商务营销的发展历程。

◎技能目标

1. 掌握跨境电子商务四大主流平台站内营销推广的策略及方法。
2. 掌握跨境电子商务站外营销的几种主要方法。

◎素质目标

1. 提升学生对跨境电子商务营销推广的认知。
2. 增强学生对跨境电子商务营销推广的学习意识，提高相关素养。

思政目标

营销推广是跨境电子商务成功的关键之一。然而，仅仅依靠传统的营销手段已经无法满足现代消费者的需求。跨境电子商务营销推广需要注重传递正确的价值观，包括诚信、责任、创新、环保等方面，以树立良好的企业形象和品牌形象，才能立于不败之地。学习跨境电子商务营销过程中的这些价值观，也有利于学生形成正确良好的价值观，为后续推动跨境电子商务可持续发展和促进文化交流打下基础。

第一节　跨境电子商务营销

跨境电子商务营销是吸引国际客户，提高品牌知名度，增加销售的关键环节。

美国耐克公司（Nike）通过其全球社交媒体活动成功地进行了跨境电子商务营销。他们在不同国家和地区的社交媒体平台上推出本地化的广告和活动，以适应当地文化和趋势。通过与当地运动明星和社交媒体名人的合作，Nike 有效地吸引了不同市场的目标受众。

Amazon Prime Day 是一年一度的全球购物狂欢日，通过提供独特的折扣和促销活动，吸引了全球范围内的 Prime 会员。这一活动不仅提高了 Amazon 的销售额，还促使更多人注册成为 Prime 会员，增加了客户黏性。

宝洁（中国）有限公司（以下简称宝洁）在我国通过数字化市场营销成功推广了多个品牌。他们利用社交媒体、电子商务平台和移动应用程序，通过与消费者的互动，提高了品牌忠诚度。通过精准的广告投放和营销策略，宝洁在我国市场取得了显著的成功。

这些案例突显了跨境电子商务营销成功的关键因素，包括本地化的营销策略、社交媒体整合、创新的数字体验等。成功的跨境电子商务营销需要深刻理解目标市场，灵活调整策略，并利用多种渠道与全球消费者建立连接。

一、跨境电子商务营销的定义

跨境电子商务营销是指公司在全球的贸易环境中，通过巧妙运用社交媒体营销、搜索引擎营销、电子邮件营销等各类市场营销手法，利用最先进的信息技术及其与网络媒体的交互性，来达成跨境电子商务营销效果的一种全新市场营销手法。

二、跨境电子商务营销的功能

跨境电子商务营销的功能

跨境电子商务营销的功能主要包括以下五项。

（一）企业品牌推广

跨境电子商务营销的开展，为企业塑造品牌形象并进行宣传带来了有利条件。过去企业培育了网络品牌之后，信息传播只能通过第三方信息平台、自身网站两种渠道进行，品牌推广效果欠佳。在移动互联网背景之下，跨境电子商务实现了快速发展，为企业推广品牌带来了更广的渠道，如可以利用企业 App、社交媒体。品牌建设与推广工作的有序推进，能够为企业带来大批忠实的用户，再加上用户宣传工作的开展，还会持续吸引新用户的加入，实现用户裂变。

（二）信息发布

跨境电子商务营销的基本做法是把跨境电子商务公司的产品信息通过网络发送给目标消费者。公司利用内部资源发布信息的主要途径包括：公司网页、企业 App 等；公司利用外部网络资源发布信息的主要途径包括：借助企业合作伙伴进行推广，利用网络广告、短信订阅等途径实现企业营销内容的有效传播。在信息发布之后，公司还能够通过积极跟踪客户情况，获取有效的信息反馈，从而提升推广传播的效果。

（三）网上调研

通过设计在线调查问卷和发送邮件等方法，公司能够借助互联网开展调研，掌握用户喜好，协助公司提升自身的产品质量和业务水平。相比于常规的调研，网络调研有着高效率、低成本的优点。

（四）促进销售

跨境电子商务营销的根本目的是提高企业利润，而提高盈利水平的途径往往是提高销量。因此，各大跨境电子商务公司往往通过优惠券、消费满减、积分兑换活动等宣传活动进行促销（图 5-1）。

图 5-1　亚马逊的促销活动

（五）维系客户

建立并维护良好的客户关系是跨境电子商务营销的重要环节。良好的客户关系对开发客户的长远价值有着重大意义，以客户关系为核心的成功的市场营销是公司获取竞争优势的关键战略。各电子商务卖家可以利用电子商务平台与客户开展交流，并通过邀请客户参加产品和业务设计会议等方式加强客户和公司之间的情感联系，通过对消费等级较高客户开放更多权益等方式维持客户的忠诚度。

三、跨境电子商务营销发展历程

纵观跨境电子商务营销的发展历程，可分为以下六个阶段。

（一）电子邮件营销

电子邮件营销（e-mail direct marketing，EDM）是较早的外贸销售方式，出现于 20 世纪 70 年代。到了 20 世纪 90 年代中期，互联网浏览器的崛起带动了电子商务邮件的迅速发展，电子邮件营销被广泛利用。电子邮件营销技术具有信息传播速度快、不受时间与空间的约束、针对性强、成本低、传达的信息内容丰富等优点。

（二）展会

20 世纪 90 年代初，展会营销方式在我国外贸企业获取用户方面发挥了较为显著的作用。参加商业展览会时，企业广泛发放产品宣传单和名片，以触达客户，在展览完成后主动跟进客户动态，促成订单。在我国加入 WTO 以后，越来越多的境外客商来到中国，展会规模一再扩大，并带动了展会周边宾馆、餐饮和旅游服务业的发展。到 1997 年，我国展会经济基本成熟。如今，展会仍然是十分重要的外贸销售手段。企业通过展会可实现同时与多个专业用户见面，在现场进行高效互动。

（三）搜索引擎营销

电子商务的核心内容是引流，而引流的核心渠道就是搜索引擎营销。

搜索引擎营销（search engine marketing，SEM）是指全面、高效地运用搜索引擎技术来开展网络营销与宣传活动的策略。搜索引擎营销的主要目标是性价比最大化，即以尽量少的投入获取最大化的经济价值。

（四）社交媒体营销

2008 年，社交媒体营销（social media marketing，SMM）实现了突破式发展。社交媒体就是人们可以借助于分享感悟、撰写文章、点评、交流等进行彼此交流的网络和技术工具，如微博、微信、视频平台等。不同的社交媒体在引流效果、停驻时间、转化率性价比、平均客单价上都存在差别。企业应当恰当地利用多种社会媒体，从而实现增加产品知名度，增加公司销量和效益的目的。

（五）再营销技术

再营销技术（remarketing）是由Google Ad Words开发的针对已经访问过网页的用户进行再销售的广告手段。网页转换率一般不到5%，也就意味着95%的用户并没有进行购买。客户未完成订单的理由是多种多样的：可能是客户还没有考虑好是否购买商品，也可能是客户还需要再研究一下其他的同类可替代商品，还可能是客户并不强烈需要此商品。对于前两种情况，跨境电子商务卖家再次在用户面前展示商品与品牌能够提高转换率和提升品牌形象。

（六）整合营销

随着互联网的兴起，新的营销方式应运而生，企业需要根据实际情况整合多种营销方式，而非采用单一的营销方式。企业还需根据环境对整合营销方案进行及时的调整。

知识拓展

跨境电子商务营销小知识

跨境电子商务营销涉及不同文化、语言和市场，因此需要一些特殊的策略来吸引国际客户。以下是一些跨境电子商务营销的小知识。

（1）多语言网站和内容：确保你的电子商务网站提供多语言支持，以便更好地服务国际客户。创建针对不同目标市场的本地化内容，包括产品描述、博客文章和客户评论。

（2）了解本地文化：研究并了解目标市场的文化，包括节假日、风俗习惯、消费行为等。在营销活动中考虑到这些文化差异，以确保信息和产品能够更好地被当地消费者接受。

（3）社交媒体定制：利用当地主流社交媒体平台进行广告和推广。不同国家和地区有不同的社交媒体偏好，因此选择适合目标市场的平台，并调整你的策略。

（4）本地支付和货币：提供符合目标市场支付习惯的支付选项，以及相应的货币结算。考虑使用当地流行的支付方式，以增加购买的便利性。

（5）合作伙伴关系：与当地的合作伙伴建立合作关系，这可以包括当地的电子商务平台、社交媒体头部用户、博主等。通过与当地有影响力的人物或机构合作，提高品牌知名度。

（6）定期更新：跨境电子商务市场竞争激烈，因此保持产品和网站的更新至关重要。定期推出新产品、促销活动，以吸引客户的关注。

（7）关注国际搜索引擎优化（SEO）：使用正确的关键词和SEO策略，以提高在目标市场的搜索引擎排名。考虑使用当地搜索引擎，因为有些国家使用的搜索引擎可能与Google不同。

（8）客户支持服务：提供跨时区的客户支持服务，确保在不同时区的客户都能得到及时的帮助。这可以包括在线聊天、多语言客服等。

（9）充分利用数据：利用分析工具了解不同市场的用户行为，以调整营销策略。根据数据调整广告投放、促销活动和产品定价。

（10）关注海关和法规：了解目标市场的海关规定和法规，以确保你的产品能够合法进入该市场。遵守当地的贸易法规，以避免潜在的法律问题。

跨境电子商务营销需要综合考虑多方面因素，灵活调整策略以适应不同的国际市场。不断学习和改进是成功的关键。

第二节　跨境电子商务站内营销

跨境电子商务站内营销是通过电子商务平台内的各种功能和工具，提高用户留存、提升转化率、促进交易的策略和实践。

亚马逊通过在其平台上推出“闪购”和“今日特价”等限时折扣活动，刺激用户在短时间内做出购买决策。这种站内促销活动提高了用户对亚马逊平台的粘性，并增加了交易频率。

Wish引入了积分系统，用户可以通过购物、评价、分享等活动获得积分，然后可以在购物时使用积分抵扣部分金额。这种积分系统激励用户在平台上积极参与，提高用户活跃度和忠诚度。

eBay通过动态广告在用户浏览其他网站时展示他们感兴趣的商品，提高了广告的个性化度。此外，eBay还通过发送个性化的邮件提醒用户关注的商品降价或促销信息，促进用户回流和购物。

这些案例突显了跨境电子商务站内营销的多样性和创新性。站内营销的关键在于理解用户需求，通过个性化、定制化的策略吸引用户，提高他们在平台上的互动和购物体验。

目前，各大主流跨境电子商务的站内营销各有特色，本节进行分别介绍。

一、全球速卖通的营销推广

全球速卖通用户遍布世界各地，平台主要服务于其他国家的商家客户，在交易担保环节运用的是支付宝国际账户，运输与发货是通过国际物流渠道完成。在世界范围内所有英文在线购物网站中，规模与影响力位居前列。全球速卖通官网卖家入驻界面如图 5-2 所示。

图 5-2　全球速卖通官网卖家入驻界面

（一）直通车

1. “直通车”的操作流程

“直通车”是全球速卖通的重要营销工具，这一工具在国内淘宝版也有，但是作为国际淘宝版的速卖通的“直通车”又有所不同。

全球速卖通平台卖家登录后，可以在“直通车”后台设置关键词，参与优先位置竞价，通过争取大量曝光吸引更多潜在客户。买家从“直通车”中选取自己中意的产品后，“直通车”则要向卖家收取相应的费用，点击量越高，费用也越高。

2. “直通车”的规则

（1）前台展示规则

“直通车”前台展示区主要有两大部分：一是居于界面右侧的推广区，推广位数量为五个，以展示推广评分为依据把产品划分为两种，即“优”品、价格竞争力较强产品；二是居于界面底部的推广区，推广位数量为四个，以展示推广评分为参照把产品划分为两种，即良品、价格竞争力较强产品。

（2）排序规则

“直通车”的排序主要受推广评分、出价两大因素影响，其中推广评分包括产品质量、产品关键词准确度、买家认可度、账户质量等方面。从优先级方面看，推广评分比出价高。要想在推广区展示自己的产品，卖家产品的推广评分要达到“优”的标准。

（3）扣费规则

在收费方面以点击量为依据。由于这是一个面向境外市场的网购平台，在收费时把我国用户的点击量排除在外，也不考虑无效重复点击。具体扣费额主要取决于卖家的定价、推广评分，通常情况下，扣费额度不会超出定价。

3. “直通车”的推广流程及策略

（1）选品

正确选择推广的产品至关重要，热销产品能够持续为店铺引流，达到事半功倍的效果；如果推广的产品选得不好，则会事倍功半。流行趋势选品策略和数据化选品策略都是比较常用的选品策略。

（2）选取关键词

关键词是“直通车”推广的关键，关键词的数量和质量在很大程度上影响着“直通车”的推广效果。数量指用尽可能多的关键词描述产品，质量指关键词和产品匹配的精确程度。关键词一般由产品所属类目词与产品属性词共同构成。产品所属类目词指产品具体所属的类目，如生鲜类目、女装类目、数码类目等，产品属性词指用户具体描述产品的属性的词语，如裙子包含半裙、连衣裙等。在全球速卖通中使用关键词工具有两种方法，一种是“自上而下”法，另一种是“自下而上”法。

“自上而下”法是指确定好行业和具体类目后，运用全球速卖通所提供的关键词工具从上至下排序过去30天的搜索热度，选取关键词并注意排除与产品匹配度较低或为0的关键词。该方法具有两个优点：一是所选用的关键词都是行业内搜索热度靠前的词语，在推广评分中具有优势；二是关键词与产品匹配度高，可在很大程度上避免非意向买家的无效点击，在减少不必要的支出的同时提高了转化率。该方法也存在一定的缺陷：一是一个关键词一般仅限于推广一个产品，若一个关键词被多个推广计划使用，就会造成推广计划统计数据与实际情况不符；二是关键词热度越高，价格自然就越高，竞争也比较大，而恶性竞争不利于卖家的发展。

“自下而上”法是指在日常运营中，卖家会趋向于选择搜索热度比较高的关键词，但这些词语的竞争度以及出价也会比较高，这时候我们可以采用“自下而上”法挑选一些处于“搜索热度适中、竞争度极低”状态的关键词。合理利用这些关键词有助于避开激烈的竞价竞争，大幅降低“直通车”推广成本。

在实际运营推广过程中，卖家应合理地将两种方法结合使用。

（3）出价

完成选取关键词步骤后，下一步就是“直通车”根据卖家设置的关键词词性、产品不同推广阶段、点击效果进行出价，主要的出价管理方法包括根据关键词的匹配度出价和根据不同推广阶段出价。

（二）店铺自主营销活动

1. 限定折扣

买家在需要使用折扣工具时，如果购物车、收藏夹中已经存储了一定的产品，系统就会向买家发出提示，引导顾客下单已收藏或已加入购物车的产品，卖家的订单成交率由此提升。系统向卖家的产品促销价提出要求，必须要低于最近 90 天均价。同时，卖家对于折扣的使用也存在着时间与数量的限制。

2. 全店铺打折

全店铺打折的对象是店铺中的所有产品，卖家在进行全店铺打折前，必须计算清楚所有产品的折扣，掌控好利润，同时还要注意时间的设置，因为全店铺打折活动一旦处于等待展示阶段，便不可修改。

3. 店铺满立减

店铺满立减类似于全店铺打折，店铺满立减也是对店铺中的所有产品实施促销活动。如果买家从该店铺中购买产品的总额达到了卖家设定的满立减额，支付时系统就会自动实施扣减，并从所需支付的总金额中扣除优惠额度。这种促销活动的实施，使得买家为了获得更多优惠而增加产品购买量。

4. 店铺优惠券

运用店铺优惠券方式时，卖家不仅向买家发放优惠券，而且设定相应的使用条件。获得优惠券之后，买家可以在规定时间内使用，由此产生提高用户黏性、增加消费、引流等效果。通常情况下，店铺优惠券使用条件包括订单达到多少额度可以使用、使用期限等，也可以设为无条件使用。

（三）其他营销方式

1. 联盟营销

联盟营销是指卖家在投放广告时可以采取多种渠道，如电子邮件营销、搜索引擎营销等，也可以与其他平台合作达到引流的效果。实施联盟营销，如果不成交，卖家不需要付费，付费额与营销效果有必然联系。

2. 平台活动营销

平台活动营销是平台向所有卖家提供的免费推广活动，会在营销中心选项中对每一期组织怎样的平台活动进行介绍，卖家接收活动信息之后，可以从自己的店铺中选择符合条件的商品并向平台提出申请。入选后，在活动推广页面中就会出现相应的商品，有利于吸引大量顾客。平台活动涉及整体大促销、常规促销、主题活动等，最常见的就是“双十一”促销活动。

二、亚马逊的营销推广

亚马逊公司位于西雅图，是美国所有电子商务企业中规模最大的一家，该公司在电子商务行业的发展起步较早，于 1994 年正式成立，不仅有着丰富的商品类型，而且拥有数量较多的网络零售商，在全球互联网企业中排名第二。互联网电影数据库、A9 等都是其子公司。亚马逊于 2012 年正式上线了跨境交易平台，成立不久之后就实现了快速发展，在一年之内实现了 64%的产品增长率。与全球速卖通相比，亚马逊准入度较高，在产品品质及品牌口碑等方面提出了较高要求，其客户基本为注册企业。以下是亚马逊官网首页（图 5-3）。

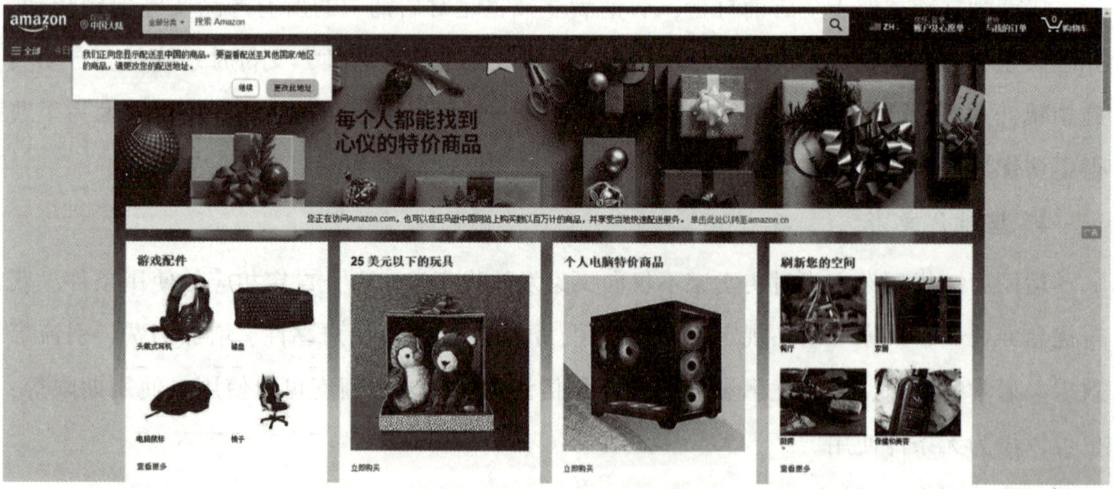

图 5-3　亚马逊官网首页

（一）广告活动

1. 付费商品广告

付费商品广告是常见的广告类型，广告会在移动端和电脑端同步显示，只有拥有“黄金购物车”的卖家才可创建付费商品广告。付费商品广告包括自动广告和手动广告：自动广告是指亚马逊根据卖家的产品信息来投放卖家广告，这种广告曝光度高但不够精准；手动广告需要卖家自己设置关键词，只有当用户搜索对应的关键词时卖家的广告才会展示。

2. 标题搜索广告

在亚马逊平台进行搜索之后，结果页面顶端即为黄金展示位置，是所有卖家的必争之地。亚马逊把标题搜索广告设置于这一区域之中。这种广告方式有着较高的曝光率，宣传效果明显好于其他搜索结果，而且具有图文并茂的特点。从 2017 年 8 月开始，该广告功能开始向第三方卖家用户开放。通过该广告，卖家可以把要销售的商品展示在黄金展示位置，店铺曝光率将在短期内显著提高，品牌影响力与销售额都将发生积极改变。

可以采用以下技巧进行标题搜索广告的优化。

（1）选择正确的关键词。卖家在设置关键词时，应选择正确的关键词。系统会推荐一些关键词，并会显示每个关键词的流量，卖家要对关键词的流量进行分析，并选择适合自己商品的关键词。

（2）根据预算选择关键词。标题搜索广告的关键词是通过拍卖来定价的。一般来说，对于流量低的关键词，其竞标对手比较少，因此更容易赢得竞价。如果想要获得流量高的关键词，卖家就需要提供具有竞争力的出价。

（3）卖家应选择与自己的商品高度匹配的关键词。广告标题要与商品关键词高度吻合。标题中可使用“Buy Now”或“Save Now”等号召性的词语，但不能使用诸如“#1”或“Best Seller”等未经证实或不具代表性的词语。

（4）对广告进行测试。在对广告进行测试的时候，卖家可以建立多个广告系列并同时运行，根据测试效果对其中的变量进行调整，最后根据自己的业务目标和测试结果设定适合自己的广告创意。

（5）充分利用系统工具。亚马逊系统提供的报表工具中，统计了广告点击次数、广告费用、广告产生的销售额等数据，实现了对卖家广告效果的跟踪，卖家需密切关注这些数据，以便及时调整营销推广策略。

3. 商品展示广告

商品展示广告明显不同于前两类广告，拥有更多展示位置，除了能在商品详情页底部、侧面展示相应的广告信息，还可以在优惠信息页面、买家评论页，或亚马逊以外的网站展示广告信息，甚至有可能把广告信息推送至竞争对手的商品详情页中。以这种方式进行广告宣传，在投放广告时不以关键词为基准，而要重点考虑买家兴趣、商品详情。这意味着卖家能根据自己对买家兴趣的了解向他们投放特定商品，目标受众定位精确度较高。

（二）促销活动

亚马逊平台内的促销活动主要包括秒杀活动、满减活动和周期性促销活动。

1. 秒杀活动

秒杀活动是指在促销页面上展示商品，在短时间内降低商品价格。亚马逊规定，参与秒杀活动的商品必须是新商品，且采取 FBA 配送或自有配送方式。秒杀活动既可以增加商品的曝光率，又可以大幅度带动商品销售。

2. 满减活动

满减活动即订单金额满足卖家设定的金额要求后，买家便会享受到给定的折扣比例，是众多跨境电子商务都会采取的普遍性营销活动。

3. 周期性促销活动

国内每年会有新春特惠、“双十一”促销、国庆大促等促销活动；海外也存在如感恩节、情人节的季节性、周期性促销活动。此类营销活动存在如下运营技巧。

（1）进行周期性促销的商品必须与时令高度相关，且应根据不同时间特性进行合理规划。

（2）卖家需准备好足够的库存商品。

（3）卖家应实时把控促销情况，以便及时调整预算，保证促销活动的正常进行并带来一定的正向收益。

三、eBay 的营销推广

eBay 是一个线上购物网站，也可以进行线上物品拍卖。eBay 创立于 1995 年 9 月，位于加利福尼亚州圣荷西。登录 eBay 平台之后，用户就可以出售自己的商品。该平台商品更新速度比较快，每天都能达到数百万条商品更新信息。买卖双方的资金流通借助 PayPal 快捷支付方式完成，每年交易额达几百亿美元。eBay 之所以受到交易双方的青睐，是因为该网站准入度低、支付与销售方式较为灵活，能获得较高的利润。eBay 官网首页如图 5-4 所示。

图 5-4　eBay 官网首页

（一）促销管理

eBay 跨境电子商务平台中的优惠活动主要包括以下几点。

1. 订单折扣

订单折扣是指当买家本次订单的总金额达到了卖家所设置的金额要求时，即可享受给定的折扣比例。订单折扣这种促销方式既可用于全店铺商品的促销，也可具体运用于一种商品或一组商品的促销。

2. 运费折扣

除了订单折扣，eBay 中的运费也可以设置折扣，甚至可以免运费，许多店铺购买两件以上商品时可免运费。

3. 优惠券

在向用户发放优惠券时，卖家可以采取多样化的方式：直接以电子邮件的形式把电子优惠券的链接发送给用户；在店铺醒目的位置呈现优惠券，用户进入店铺之后能轻而易举地领取；在社交媒体网站平台中发布优惠券信息，用户领取优惠券之后可以挑选商品，购买时系统能自动为其提供优惠之后的价格。

4. 降价促销

降价促销是指设计折扣页面时，该页面中的商品都是当前降价促销的商品，点击商品链接之后即可进入详情页，进而了解商品具体信息。卖家也可以灵活地把各种商品进行组合，以达到增加销量的目的。

5. 捆绑销售

确定主商品之后，可以以此为核心对其他商品进行捆绑。例如，买家到某一店铺购买项链，最初并没有计划购买头饰、耳环等，但商家却将这些商品与项链搭配销售，购买某一商品组合时能享受到折扣价，买家就会被优惠政策吸引，购买另外几种商品。

（二）付费广告

付费广告是一种典型的站内推广形式，对德国、美国、英国、澳大利亚四国站点提供支持，能让平台中的卖家商品有理想的曝光度。eBay 利用大数据技术记录买家搜索信息，把符合买家兴趣和需求的商品推送至页面最引人注目的位置，商品可见性由此提高。商品交易成功之后，平台收取商品价格的 1%~20%作为佣金。

（三）电子邮件营销

eBay 设置了电子邮件营销功能，以电子邮件的方式营销，卖家品牌的知名度能有效提高，可以长期与用户保持紧密联系。卖家及时把电子邮件发送给买家，可以使买家了解到自己目前正在实施的促销活动，既可以把链接、视频等能介绍商品与促销活动详情的内容提供给买家，也可以讲述品牌故事。然而，卖家是否会查看邮件，主要取决于邮件的标题是否吸引人。采用电子邮件营销时，卖家一定要站在买家立场分析问题，把高价值的邮件提供给他们，避免自己的邮件被买家当成垃圾信息，以免产生不良影响。

四、Wish 的营销推广

Wish 属于 B2C 跨境电子商务平台，借助 App 运行。该平台中商品类型与数量都比较多，包括礼品、珠宝、服饰等，这些商品的生产地基本为中国。Wish 不同于其他平台，弱化了搜索与浏览的重要性，把促销环节进行删减，在智能分析技术的辅助下精准地把消费者需要的、感兴趣的商品推送给消费者，在实现营销目标的同时，提升用户体验。

Wish 平台推出了能把后台算法与卖家数据相整合的产品推广（product boost，PB）工具，意在促进商品流量的增加。这一工具的运用能把某一商品打造成爆款，从而使得商品的展示排名比较理想，能产生快速引流的效果。然而，其不能覆盖所有商品，只能运用于一些系统能检测到的用户需求量较大的商品。

PB 工具在推广商品时，根据关键词设定推广规则，在关键词搜索方面有较高的精准度。在收费方面明显不同于其他电子商务平台，以千次展现量为参照付费。

PB 工具可为店铺快速引流，卖家应有效利用这一工具来提高商品的转化率。日常使用

PB 工具进行商品推广时，主要遵循选品、关键词设置、产品竞价和推广活动优化的流程。

（一）选品

PB 工具在选品环节设定了严格标准流程：必须是一些在另外的跨境电子商务平台已经有了较高知名度的商品；能引领时尚发展、需求量较大的商品；一些没有在市场中大量销售的商品；拥有大流量的商品；能给消费者带来新奇感的商品；在价格与质量两方面都有优势的商品。

（二）关键词设置

卖家应在避免出现关键词拼写错误的基础上，使关键词尽可能准确地描述产品。卖家可以在工具的辅助下确定关键词。例如，借助于 Google Ad Words 工具确定需要推广的商品，在此基础上设定关键词，通常为 10~15 个。卖家可以到 Wish 用户端进行调查，了解平台在销售商品时消费者对哪几个关键词有着较高的认同度；卖家也可以登录另外的跨境电子商务平台，了解这些平台的产品分类情况、关键词设定情况，在借鉴的基础上利用工具设定合理的关键词。

（三）产品竞价

在设置 PB 工具产品竞价时，卖家要多次进行测试，其目的就是要获得最合理的价格。最初测试要设定较低的价格，根据商品在市场中的竞争力对价格进行调整。在后续销售过程中，以流量转换与关键词排名情况对竞价进行提高或降低处理。

（四）推广活动优化

每个星期，卖家都要对流量进行统计，留意店铺在组织促销活动时关键词具备怎样的排名，而且根据统计中发现的情况对关键词进行调整，从整个行业入手对商品销量予以关注，由此调整商品推广方式，或是可以加大推广力度，以实现流量增加。

知识拓展

跨境电子商务站内营销策略

跨境电子商务站内营销策略是为了吸引、留住和激发用户在网站上购物的兴趣。以下是一些跨境电子商务站内营销的策略。

（1）多语言和本地化：提供多语言支持，确保网站内容能够被不同国家和地区的用户理解。本地化网站，包括货币、尺码、日期格式等，以提高用户体验。

（2）推出专属促销活动：针对特定国家或地区的重要节日，推出相应的促销活动。提供与当地文化相关的特别折扣或礼品，吸引目标市场的消费者。

（3）本地化支付方式：支持当地流行的支付方式，提高购物便利性。提供多元化支付选项，包括信用卡、数字钱包等。

（4）快速、透明的物流信息：提供准确的物流信息，包括预计到达时间、实时跟踪等。合作可靠的国际物流服务商，以确保及时交付。

（5）社交媒体整合：在网站上整合社交媒体分享功能，让用户方便地分享喜欢的产品。利用跨境社交媒体平台，与目标市场进行互动，提高品牌曝光度。

（6）多渠道客户支持：提供多语言的在线客服支持，解决用户疑问。在网站上提供详细的常见问题解答（FAQ），帮助用户自助解决问题。

（7）特色商品推广：突出跨境独有或当地受欢迎的商品，吸引目标市场的关注。利用网站首页、横幅广告等位置进行特色商品的推广。

（8）电子邮件和短信营销：发送个性化的电子邮件和短信推送，包括折扣信息、新品上市等。考虑时差和用户的活跃时间，确保信息发送的时机合适。

（9）用户评论和社交证明：在产品页面显示真实用户的评价和图片，增加购物信任感。利用社交媒体上的用户生成内容，展示产品在不同地区的受欢迎程度。

（10）跨境搜索引擎优化（SEO）：针对不同国家和地区，进行跨境搜索引擎优化。使用当地语言和相关关键词，提高网站在搜索引擎中的排名。

这些策略可以根据电子商务的目标市场和特点进行定制。通过深入了解目标市场的文化、消费习惯和市场趋势，电子商务可以更好地制定有效的站内营销策略，提升用户体验和销售效果。

第三节　跨境电子商务站外营销

跨境电子商务站外营销是在电子商务平台之外进行的推广活动，旨在吸引潜在客户、增加品牌知名度、引导流量到电子商务平台。

亚马逊通过 Affiliate 计划，鼓励博客作者、社交媒体影响者和其他网站所有者推广其商品。这种站外推广模式帮助亚马逊扩大了其在线销售渠道，增加了外部流量，并提高了转化率。

eBay 在一些国际市场通过电视广告和体育赛事赞助活动，提高了品牌在消费者心中的形象。这种站外营销活动有助于扩大 eBay 在不同地区的用户基础。

速卖通积极参与全球性的推广活动，如体育赛事冠名、文化赞助，以提高其品牌在全球范围内的知名度。此外，速卖通也在国际市场进行了线下推广活动，如参与国际博览会和商业峰会，以吸引更多国际卖家和买家。

这些案例突显了跨境电子商务站外营销的多样性，包括社交媒体广告、线下活动、合作推广等多种形式。站外营销的成功关键在于对目标市场的深刻了解，以及选择合适的平台和合作伙伴进行推广。

目前，跨境电子商务几大主流平台的站外营销方式都差不多，大致分为搜索引擎营销、电子邮件营销、直播营销、大数据营销等。

一、搜索引擎营销

搜索引擎营销是指结合用户在使用搜索引擎时形成的习惯，以合适的方法调整关键词搜索结果的排名，实现排名提升，吸引更多用户点击商品链接，由此产生良好的促销效果，让品牌曝光度实现提高。此类营销方式是先要让用户获取信息，然后进入相应的网页浏览商品信息。近 20 年来，伴随互联网的不断发展，搜索引擎技术也愈发精进，搜索引擎能够帮助人们快速、准确地获取信息。

（一）搜索引擎工作原理

1. 网络爬虫

通过搜索引擎快速地获取所需信息是因为搜索引擎已经预先收录海量信息。搜索引擎如何在浩瀚的互联网中抓取信息呢？搜索引擎又是用何种方式将数以亿计的互联网用户产生的信息进行收录的呢？

搜索引擎的信息获取与网络爬虫息息相关。网络爬虫亦称网页蜘蛛，以自动化的方式、在特定规则的约束下从万维网中抓取脚本或信息程序。搜索引擎的运用，派生出数量较多的网络爬虫持续不停地访问各个网页，并将从网页中获取的信息带回数据库。这些网络爬虫可以从浏览器的搜索工具栏进入，爬行到各个网页，然后顺着网页的超链接进入下一个网页，这样不断地爬行，不断地抓取。因为有些网页信息量很大，网络爬虫只会去抓取网页中的标题、描述、关键词等有价值的信息。所以，如果希望网站的大部分网页信息都被网络爬虫抓取，就不能把网页设计得过于冗长、繁杂。

被网络爬虫抓取回来的信息杂乱无章，数据分析系统采用关键词描述之类的方法整理信息，将其归总为不同的类型且实施压缩，并编辑到索引之中。也有一部分信息在抓取之后发现是没有意义的，要果断地将这些信息舍弃。这样一来，能出现在搜索结果中的信息，都是提前经过编辑且存储于索引中的。用户输入关键词之后，搜索引擎进行分析并为用户提供最合适的结果，进行呈现。

可见，搜索引擎按照获取链接——抓取网页信息——数据分析——建立索引库这样的流程工作。

2. 抓取网页信息。

网络爬虫在抓取互联网中的海量信息时存在一定的逻辑与策略。

（1）深度优先策略。网络爬虫在某网页发现链接时则顺着此链接爬行进入对应网页，而后在所进入网页中发现另一链接则继续爬行，如此顺延按照链接依次深入爬行。

（2）宽度优先策略。网络爬虫先将所在页面中所有链接的信息全部抓取，然后再抓取下一个页面中的全部信息。

（3）权重优先策略。网络爬虫多数情况下综合使用深度优先策略和宽度优先策略，并且会考虑链接的权重。对于权重较高的链接，会采用深度优先策略；对于权重较低的链接，则采用宽度优先策略。网络爬虫根据链接的层级高低及这条链接拥有的外链数量和质量来判断该链接的权重，一般层级太多的链接不会被抓取。

（4）重访抓取策略。前一天网络爬虫抓取过某一网页，但该网页在一天后更新了信息，网络爬虫则会继续到网页中抓取新信息。可以将重访抓取划分为两大类：一是全部重访，即网络爬虫之前已经对网页进行抓取，但后续某一天再次对该网页进行重新访问且实施抓取。二是单个重访，只是局限于一些稳定性强、信息更新比较及时的网页，如果网页很久不更新，网络爬虫访问过几次发现网页信息一直没有变化，它就不会再来访问了。一般来说，网络爬虫会隔一段时间来访问一次，如隔月访问一次，或者等全部重访的时候再访问一次。

3. 数据分析

网络爬虫将网页信息抓取后，数据分析系统就开始进行数据分析。数据分析系统一般会通过以下几个步骤来处理网络爬虫抓取回的网页信息：通过网页结构化，删掉全部HTML代码，仅提取出信息；通过消噪，留下网页的主题内容，删掉没用的信息；通过查重，查找并删除重复的网页与信息；通过分词，提取出正文信息，把信息分成多个词语并排列起来，存入索引库，同时计算这个词在该页面出现的次数；通过链接分析，统计出该页面反向链接的数量、导出链接的数量及内链的数量，然后赋予该页面一定的权重。

4. 建立索引库

完成数据分析后，这些经过处理的信息就会被放到搜索引擎的索引库中。

（二）搜索引擎营销模式

如今，用户能在互联网中获取海量信息，在使用搜索引擎时耐心逐渐变差，大部分用户在获得搜索结果之后只是仔细查看前几页内容，如果连续查看了几页依然没有自己想要的结果，就会对关键词进行调整，也有些用户索性更换搜索引擎。为了获得用户更多的关注和点击，继而带来更多的商业机会，运用搜索引擎营销，能让自己的网站在搜索结果中有着较为理想的排名。

以下以阿里巴巴国际站的搜索引擎营销为例进行说明。

1. 流量来源

阿里巴巴国际站的曝光流量主要分为自然流量、付费流量、信保流量、采购直达流量四部分：自然流量又称免费流量，指在阿里巴巴国际站通过打造优质排名获得的流量；付费流量指卖家通过外贸“直通车”直接以出价方式获得排名，将产品展示在阿里巴巴国际站平台上获得的流量；信保流量指卖家通过完成信保订单，彰显信用，被系统选入阿里巴巴国际站精品商城获得的展示流量；采购直达流量指卖家通过进入阿里巴巴国际站采购直达市场浏览求购信息，主动出击发起报价后获得的流量。

2. 影响搜索排名的因素

搜索排名主要是买家需求的体现，因此阿里巴巴国际站的搜索排名也是从买家角度出发逐步进行筛选后做出决策的，目标是让买家快速高效地找到合适的产品、卖家或者资讯。影响搜索排名的因素如下。

（1）商业因素：包括卖家是否付费会员，产品是否橱窗产品，以及企业认证信息完整度、企业年限等。

（2）信息质量：涉及产品标题、属性、图片，以及交易信息、物流信息等。

（3）信用保障及交易：包括交易中是否使用了信用保障服务，交易时间、额度、记录，以及信用保障订单数量等。

（4）作弊行为：包括是否存在重复铺货行为、是否存在恶意类目错放行为等。

（5）供应商因素：涉及零效果产品清理情况、店铺转化率、对买家咨询的回应速度等。

卖家可以通过“产品管理”—“搜索诊断”—“排名查询工具”看到自己产品的排名情况。

3. 搜索引擎营销方式

（1）竞价排名：关键词排名需要由卖家购买，按点击量付费。只有卖家付费了，网站才能出现在搜索引擎库之中，排名是否靠前主要取决于付费额度的高低。对于每次点击付费的价格，卖家可以自主设定，对自身在关键词搜索结果中的排名情况进行调整，而且灵活合理的关键词可以使具有不同产品购买意向的买家都能搜索到产品。

（2）购买关键词广告：购买关键词广告可以把卖家发布的广告呈现在搜索结果页面

中，卖家结合自身营销需求对关键词进行调整，能产生把广告投放于多个页面之中的效果。

（3）搜索引擎优化：优化网站甚至重新设计网站，目的是在搜索结果中让自己的网站能有理想排名。对搜索引擎进行优化，涉及图片、代码、关键词、内容、链接等方面。

二、电子邮件营销

（一）电子邮件营销的含义

电子邮件营销是指企业把电子邮件发送给目标客户，为自身与这部分客户进行沟通创建渠道，以直接的方式把广告及其他信息推送给客户，也可以开展市场推广、组织市场调查等，文本、图片、动画、音频、视频、超级链接等都可以投递。以这种方式与目标客户交流，可以产生良好的销售效果。卖家可以通过分析目标客户对电子邮件的点击行为来获取销售线索。

（二）电子邮件营销的相关概念

1. 打开率

打开率即电子邮件被打开的数量与发送的电子邮件总数的比率。为了追踪电子邮件打开率，在发送电子邮件时会把微型图片置于其中，然而，由于服务商会对图片进行拦截，一般不能显示该图片。

2. 点击率

点击率即点击数和电子邮件打开数（注意不是总数）的比率。这个参数非常重要，因为电子邮件营销的目的就是吸引客户访问卖家的网站。

3. 送达率

送达率即在电子邮件发送总量中客户接收到的邮件占比。有些电子邮件会被投入垃圾邮件箱或因收件人不详而被退回。

4. 个性化

个性化指发送电子邮件时涉及一系列个性化内容，例如用户姓名及相关信息等。

5. 列表清理

列表清理也就是列表优化，使收件人列表处于良好状态。如果列表中存在着大量过期账户、错误拼写，致使电子邮件地址中无效内容数量较多，邮件很容易被标注为垃圾邮件，导致数据报告无法对电子邮件的发送效果做出真实描述。

6. 退订和反订阅

退订和反订阅，即收件人可以灵活自如地退出发件人的收件人列表，包括两种方式：

一种是完全退订，收件人提出要求，不再出现在发件人的收件人列表之中，即发件人不会再向其发送电子邮件；另一种退订只是针对某一列表，即应收件人的要求，退出某一收件人列表，该列表中的所有电子邮件都不会接收，例如，收件人喜欢阅读每周新闻，但反感特惠信息，他们就可以退出特惠信息的列表。

7. HTML格式邮件和纯文本邮件

HTML格式邮件和纯文本邮件是电子邮件的两种格式，前一类电子邮件涉及图片、表格及色彩，而后一类电子邮件只是局限于文字。前一类电子邮件并没有得到所有电子邮件客户端的支持，一些移动客户端不支持这类邮件，这时就需要发送两大类电子邮件，多次测试之后才能意识到最合适的是哪一种格式的电子邮件。

8. 退信数

退信数即电子邮件中由于未顺利送达收件人而退回发件人的数量。造成退信的原因比较多，例如收件人的收件箱未及时清理导致空间不足、地址有误等。如果收件人以租借或购买两种方式获得列表，那么退信数指标就比较重要了，该指标能及时提醒发件人列表的邮件地址中无效地址的数量。

（三）电子邮件营销的实用技巧

1. 文字写作技巧

（1）内容具有针对性。对于不同的目标用户，卖家应发送具有针对性的邮件。例如，对于管理人员，可以发送一些精练的管理策略；对于白领女性，可以发送一些实用的穿搭方案；而对于普通消费者，可以发送一些购物小技巧、优惠券等信息。向特定的人发送合适的邮件，如果刚好满足了他们的需求，便可增强其对企业的信任与黏性，在大幅降低企业营销成本的同时，也可获得较好的营销效果。

（2）突出重点，简洁明了。邮件应该直接点明主题，同时也可结合邮件编辑工具对主题进行突出，如通过设置不同颜色的字体、加粗字体、加入有创意的图片等方式让用户立刻得知卖家发送邮件的目的，避免用户因为找不到重点而关闭邮件，导致无效营销。

（3）卖家应尽量刺激用户的兴趣与好奇心，引起共鸣。可通过设置某些优惠或折扣来吸引用户打开网站链接，以进一步了解商品信息。

（4）针对性称谓。把单一的统称“先生/女士”改为用户的名字，这样会给用户带来亲切和被重视的感觉从而增进买卖双方的关系。

2. 图片设计技巧

（1）不同类型邮箱中的邮件文字显示出来可能会不同。例如，QQ邮箱中没有文字自动换行的功能；Gmail邮箱中的邮件字体不同于原始设定字体。

（2）图片大小要控制在 15 KB 之内，每页图片不得超出 8 张。如果模板中只包含一张图，应该将其进行裁剪，形成 2~3 张小图，文字也要适当保留。在为图片命名时，尽量不使用“ad”字符，避免上传图片被认定为广告而被过滤掉。

3. 链接处理

（1）链接数量控制在 10 个以内，当所有图片有着相同的链接地址时，要对图片进行合并，使之成为一张大图。

（2）链接写成绝对地址，以确保收信人在单击链接时能够正常浏览内容。

（3）链接长度通常少于 255 个字符，否则就会出现错误链接，或是不能追踪。

（4）在链接图片时不采用地图功能，因为相当一部分邮箱会自动将此类邮件认定为垃圾邮件。

（5）有时用户收到电子邮件后无法浏览图片，为避免该情况，应预先制作与电子邮件内容相同的网页，在邮件内标注“如果您无法查看邮件内容，请点击这里”，用户可通过点击链接跳转至有同样内容的网页。

4. 主题设计

在邮件未打开之前，收件人先浏览的是邮件主题，主题能否吸引人，决定着收件人是否阅读电子邮件。在设计主题时，应使用重点突出又简洁有力的文字。以下展示几类优质主题。

（1）问题类型的主题：以提问的形式为邮件设计主题，往往能吸引收件人的目光，使之点击链接并阅读。设置问题的目的是引起收件人的关注，在提出问题时要讲究技巧，例如，“您是否纠结于怎样才能为父母挑选一份能让他们满意的礼物”。

（2）指令类型的主题：例如，“不要再等了，本周商品已优惠×%了”，促使用户采取行动完成订单。

三、直播营销

（一）电子商务直播发展历程

电子商务直播虽然在最近一两年才开始火爆，但其已有四五年的历史，电子商务直播的发展历程可大致划分为以下三个阶段。

第一阶段，2016—2017 年。在这一阶段，基本为秀场直播，大规模电子商务平台尝试采用“电子商务+直播”模式，包括京东、淘宝等。

第二阶段，2017—2018 年。在这一阶段，部分传统电子商务平台着手孵化红人体系，在供应链管理时强调了整合的重要性。有些影响力较强的短视频平台探究电子商务直播，例如快手、抖音等，并为电子商务直播的 MCN 提供良好服务，这意味着电子商务直播的发展日益体现出精细化的特征。

第三阶段，2019 年至今。在这一阶段，实现了井喷式发展，直播带货模式的商品交易总额成倍增长，表现最突出的是淘宝直播，小红书、拼多多等平台也竞相效仿，村播、名人直播等方式与电子商务直播相整合，吸引了大量消费者，各大平台为了争取更多流量培养红人，MCN 机构在商业变现模式上进行积极探索。

（二）电子商务直播持续快速增长的原因

近年，电子商务直播持续快速增长主要是因为以下原因。

（1）疫情防控期间线下营销缩减，而线上直播形式可实现以较低的成本获取较高的投资回报率，所以很多商家以及品牌方愿意持续投入资源，发展电子商务直播。

（2）电子商务直播具备内容创新、实时互动、即时性、全网最低价、信任保障等明显优势，激发了用户的消费需求与意愿。

（3）技术的不断迭代与优化实现了用户的精准推送、直播设备的持续优化，同时物流、支付等体系的不断优化，均为电子商务直播行业的发展保驾护航。未来的电子商务直播规模仍将保持高速增长，电子商务直播的品类也将持续拓宽，电子商务直播行业将逐步向平台化、产业化发展。

（三）跨境电子商务直播产业链

跨境电子商务直播产业链包含供货平台、流量平台以及交易服务平台三大环节。

（1）供货平台，是指提供货物的渠道，如工厂、批发商，为电子商务平台带来充足货源。

（2）流量平台，是以跨境电子商务直播的方式变现流量，涉及四大板块的内容，即平台、内容、主播、评价。当前影响力较大的流量平台包括 WOTOKOL、Lazada 等跨境电子商务直播平台。MCN 机构承担着培养主播与孵化的责任，主播通过收取佣金提供直播服务，卖家则可根据需求选择不同国家不同类型的主播。直播内容则结合商品特性和主播特性进行个性化定制。与此同时，企业及时而深入地分析用户数据（如用户活跃度、复看率、直播间停留时间、下单转化率、售后满意度等）以优化直播营销效果，从而促进流量变现效率的持续提高。

（3）交易服务平台，该平台需要同时为供货平台和流量平台两大平台提供服务，服务项目比较多，如第三方支付、运营支持、数据支持、交易支持。

知识拓展

抖音成为电子商务直播营销的重要平台

截至2023年12月，抖音全球累计下载次数破10亿，蝉联全球移动应用（非游戏）下载榜冠军，而抖音凭借自身的巨大流量成了电子商务直播营销的重要平台。近日，抖音直播间中新东方旗下的“东方甄选”电子商务直播火遍网络，一些新东方名师把自己曾经在教学中的特长，用在了对直播货品的介绍中，成为直播界的“一股清流”，其直播间热度位居抖音直播间排行榜第二位。新东方创始人俞敏洪曾在直播时透露有意开设电子商务学院，希望让我国营销主播的整体水平有所提升，由此可见俞敏洪对未来直播带货赛道前景的认可。

跨境电子商务卖家也应该把握直播营销风口，利用各类大流量平台，与具有较大影响力的主播合作进行直播营销以提高品牌知名度，带动自身销量增长。同时，跨境电子商务卖家在利用直播进行营销时要注意构建有效的客户沟通机制与售后服务体系。

四、大数据营销

大数据营销是指在大数据技术的支撑下开展营销活动，能充分体现出平台在数据方面的优势，目前已实现了广泛运用。大数据营销能在最合适的时间段，依托于合理的载体，运用最恰当的方式投放网络广告，使需要的人群能及时获取广告，是互联网行业快速发展的产物，也助推了互联网行业的发展。通过多平台采集数据，进行深入分析并对发展情况进行预测，为广告制作与投放提供依据，可以让企业在广告投入方面获得更高的产出。

（一）大数据营销的特点

1. 多平台采集数据

大数据有着广泛而多样的数据来源，在采集数据时以多平台化的方式进行，能更加全面而客观地描述网民行为。采集数据时，除了互联网以外，还可以通过户外智能屏、广电网、智能电视等平台完成。

2. 突显时效性

进入网络时代之后，短期内网民的购买方式、消费习惯就发生了改变，这就需要在网民需求量最大时实施营销。Ad Time是世界范围内大数据营销水平很高的企业，是“时间营销策略”的诞生地，致力于借助先进的技术把握住网民需求，且及时回应，争取在网民们为是否购买而犹豫不决时为他们推送高品质的广告。

3. 个性化营销

在网络快速发展的当下，广告主的营销理念也发生了改变，能发挥出导向作用的不再是媒体而是受众。过往营销活动在开展中依托媒体进行，将广告投放到浏览量与影响力都比较大的媒体。当前，在广告营销时以满足受众需求为根本，因为运用大数据技术能让同一媒体的同一个界面引起大量用户的关注，广告内容也体现出差异化的特征，让个性化营销成为可能。

4. 性价比高

大数据营销能节省成本，这是传统广告所不具备的优势；广告主在投放广告时能做到有针对性，而且能及时得到广告宣传效果的反馈，以便于优化投放策略。

5. 关联度高

在采集数据过程中，大数据技术能准确而便捷地把握住目标受众的关注点，也能了解他们的具体位置，这些信息对于投放广告而言都很有价值，让广告与广告之间形成紧密联系成为可能，网民们可以在不同广告之间展开深度互动。

（二）大数据营销的应用

1. 分析用户行为与特征

要想准确地把握住用户在购买中形成了怎样的习惯、了解用户的需求等，需要获取大量用户数据。在数据的辅助下能深入了解每一名用户，这是大数据营销最大的优势。

2. 对营销活动进行引导

如果在研发与设计产品之前就准确地把握住用户的喜好、对产品的要求等，就能在设计与生产产品环节做到投其所好。

3. 监测竞争对手并传播品牌

利用大数据技术能对竞争对手的情况产生更为全面的了解，把握住其做出了怎样的策略。在品牌传播过程中，要想增强有效性，需要借助大数据技术进行分析，增强针对性。利用大数据技术，可以对传播内容、发展趋势、用户情绪、产品口碑与属性等进行分析，对竞争对手进行持续监测，以行业标杆为参照实施用户运营活动策划方案，对微博矩阵运营效果做出评估。

4. 监测与管理品牌危机

危机爆发之后，需要把握住危机传播趋势，把握住主要传播者，及时制定合理的应对策略。大数据技术的运用，能采集负面定义信息，对危机的发展情况进行跟踪并发出报警，分析人群的社会属性，了解聚类事件中存在着哪些观点，摸清传播路径、识别关键人物，维护企业与产品口碑，找到危机源头并及时处理。

5. 筛选重点客户

通过用户对相关网站的访问情况，能了解用户是否对自己的企业产生了兴趣；根据用户在社会媒体中发布的信息，或是与他人的互动情况，能找到不同数据信息中千丝万缕的联系，建立关联规则，甄别关键目标用户。

6. 客户分级管理

对于活跃粉丝，要运用大数据技术对活跃粉丝的互动情况进行分析，除了能为消费者进行精准画像，也能为其制定相应的规则；对会员与潜在用户进行关联，确定目标群体之后实施精准营销，以社会化数据对传统客户关系实施管理，丰富用户标签的维度，能及时对消费者生命周期数据进行更新，增强数据有效性。

7. 识别新市场并预测发展趋势

以大数据分析为支撑，可以获取用户高频搜索词等信息，能为企业家把握市场发展情况、分析经济发展趋势提供支持。

知识拓展

跨境电子商务 Shopee 的营销之道

Shopee 在 2015 年于新加坡成立并设立总部，随后拓展至马来西亚、泰国、中国、印度尼西亚、越南及菲律宾共七大市场，是东南亚发展最快的电子商务平台，是国货“出海”东南亚的首选平台。

基于多年经验，Shopee 对东南亚市场积累了深刻洞察，见表 5-1。

表 5-1　Shopee 对东南亚市场积累的深刻洞察

市场差异大	东南亚市场拥有 6 亿人口，但又有很大差异性，体现在文化、消费习惯、语言等方面。Shopee 集团高层曾说：“以印度尼西亚为例，当地口音每隔公里变一次，语言每隔 250 公里也变一次，可以想象东南亚民众的购物偏好差异有多大。”
移动化偏好	东南亚是全球网络发展最快的地区之一，也是全球互联网最移动化的地区之一。截至 2018 年，东南亚拥有 3.5 亿互联网用户，其中 90% 东南亚互联网用户使用移动端上网

续表

人口年轻化，热衷社交媒体与明星	东南亚6亿人口中，50%年龄低于30岁，以“00后”为主，有成家、生育等消费升级需求。同时，东南亚年轻人口社交化程度高，热衷于网红文化及追星。Facebook是东南亚黏性最高、活跃度最强的社交平台
东南亚地区基础设施不健全	没有通用的货币，结算困难；东南亚岛屿众多，地形复杂，以印度尼西亚为例，其拥有1万多个岛屿，物流订单履行困难

针对市场现状，Shopee的应对策略见表5-2。

表5-2 Shopee的应对策略

本土化	Shopee大部分高层都在东南亚生活了数十年，对东南亚市场十分了解；进行本土人才招聘和培养，在当地形成了良性的人才培养梯队；Shopee依据每个市场特性制定本土化方案，以迎合当地消费者需求。比如，Shopee在印度尼西亚和马来西亚市场发起斋月大促活动，推广引流，两大市场迎来一年一度的流量高峰；Shopee开发了七个App以服务七个差异化市场
移动端优先	Shopee从移动端切入，推出简洁干净、易于使用的交互页面，使消费者顺畅使用App每个功能，实现在30秒内完成选择并购买商品；优化移动端体验，如推出ShopeeShake摇金币游戏契合移动端碎片化趣味场景
社交明星引流	以社交作为切入点，Shopee结合本地元素、流量明星、互动游戏、社交网络等方式，获取高黏性用户；Shopee在App中推出直播功能，商家可在App中通过直播向潜在消费者推介商品；Shopee在应用内引入Shopee Quiz，邀请各地区的名人来主持问答，邀请本土知名的社交明星强势引流
提升全流程体验	Shopee跨境业务团队专为我国跨境卖家打造一站式跨境解决方案，提供流量、物流、孵化、语言、支付和ERP等全流程支持

本章小结

本章通过对跨境电子商务营销推广的深入探讨，读者能够认识到营销在跨境电子商务运营中的核心地位。站内营销和站外营销两者相辅相成，共同构成了跨境电子商务营销推广的完整体系。通过本章的学习与实践，读者不仅掌握了跨境电子商务营销的基本理论与方法，还学会了如何根据市场变化与自身需求，灵活调整营销策略，实现营销效果的最大化。

课后思考

1. 通过本章的学习，我懂得了以下几点。

（1）____________________

（2）____________________

（3）____________________

2. 我认为，跨境电子商务营销的意义有以下几个方面。

（1）____________________

（2）____________________

（3）____________________

3. 现实生活中，我接触过以下几方面的营销推广有以下几个方面。

（1）____________________

（2）____________________

（3）____________________

第六章

跨境电子商务的订单处理与客户维护

本章导读

在跨境电子商务的业务流程中，订单处理与客户维护是至关重要的一环，这直接关系到客户的满意度与忠诚度，进而影响企业的长期发展。本章将引领读者深入探索跨境电子商务订单处理的各个环节，从接收订单、发货跟踪到交易评价管理，确保每一个订单都能得到高效、准确的处理。同时，本章还将聚焦于跨境电子商务客户的开发与维护策略，分享如何吸引新客户、提升客户满意度并促进客户复购的实用技巧。此外，还将探讨如何有效预防和处理交易过程中可能出现的纠纷，为读者学习跨境电子商务业务保驾护航。通过本章的学习，读者将能够建立起一套完善的订单处理与客户维护体系，为企业的持续发展奠定坚实的基础。

学习目标

◎知识目标

1. 了解跨境电子商务订单的种类及其他常识。
2. 了解跨境电子商务交易评价的种类及其他常识。
3. 了解纠纷的考核指标。

◎技能目标

1. 掌握跨境电子商务处理订单及管理交易评价的方法和技巧。
2. 掌握跨境电子商务客户的开发、等级管理、沟通管理、维护管理四方面的技巧。
3. 掌握预防和处理纠纷的方法及流程。

◎素质目标

1. 提升学生对跨境电子商务订单处理及客户维护的认知。

2. 增强学生对跨境电子商务订单处理及客户维护操作流程的学习意识，提高相关素养。

思政目标

订单处理与客户维护是跨境电子商务运营的两个核心环节，对于企业的成功运营至关重要。然而，仅仅关注技术和流程是不够的，还应培养学生的职业道德和责任感、提高学生的跨文化沟通能力和培养学生的创新意识和团队协作精神。通过本章的学习，有助于学生形成良好的职业道德和社会责任感，为后续拥有良好的工作环境和发展机会打下基础，也为将来致力于社会的可持续发展打下基础。

第一节 处理订单与管理交易评价

跨境电子商务的订单处理和交易评价管理是确保顺畅交易和建立良好客户关系的重要环节。

通过速卖通引入订单保护机制，为买家提供购物保障。如果买家未收到商品或收到不符合描述的商品，可以在一定时间内提出争议并获得退款。这种机制提高了买家对购物的信心，同时也督促卖家提供高质量的服务和商品。

eBay 通过其全球运输方案简化了跨境物流，使卖家能够更轻松地处理国际订单。该方案包括合作伙伴提供的快速、可靠的国际物流服务，以及实时跟踪和通关服务，提高了全球买家的购物体验。

FBA 是亚马逊的一项服务，卖家可以选择将其库存存储在亚马逊的仓库中，并由亚马逊负责处理订单和物流。这不仅简化了卖家的库存管理，还提高了订单处理的速度和效率，使得商品更容易被推荐给亚马逊的 Prime 会员。

Wish 采用了交易评价系统，买家可以在购物后对卖家和商品进行评价。这种系统有助于提供透明的交易环境，鼓励卖家提供高品质的商品和服务，同时也为其他买家提供了有用的参考信息。

这些案例表明，在跨境电子商务中，订单处理和交易评价管理是关键的运营环节。通过引入创新的物流解决方案、安全的支付方式和强大的评价系统，电子商务平台能够提高买卖双方的信任感，促使更多交易的成功完成。

本节以速卖通为例，详细讲解卖家如何处理订单和管理交易评价。

一、处理订单

订单是每个跨境电子商务卖家都非常关注的部分，卖家店铺的转化率如何，营销推广是否到位，客户是否信任，实际上可以直接反映在订单的数量上。但是，如果跨境电子商务的订单管理工作没有做好，很有可能直接影响到店铺的整体好评率，影响到店铺的等级，甚至会影响到店铺的可持续发展。

跨境电子商务的营销推广是为了让潜在的客户能够充分体会到卖家产品的存在，促使客户下单购买产品，但真正影响店铺信誉和服务等级的是好评率，而正确的管理和处理订单是获得客户好评的重要因素。

当卖家上传产品达到一定数量后，随着营销手段的实施和推广，店铺的流量会不断地增加，订单就会越来越多，因此，处理订单成为跨境电子商务卖家需要关注的重中之重。

（一）“我的订单”的种类

以速卖通平台为例，订单的处理和管理主要在“交易”选项卡下的“管理订单”中完成。点击“交易”选项卡，可进入“我的订单”界面。

在“我的订单”界面中包含当前订单的基本情况，主要分为三个部分：特别关注、等待您操作的订单、等待买家操作的订单，其具体含义如下。

1. 特别关注

今日新订单——单击后将出现今日新生成订单，包括“已经付款订单”和“未付款订单”。

2. 等待您操作的订单

（1）等待您发货：已经通过风险审核并且资金已经到账，需要卖家发货后“填写发货通知”或者“线上发货”的订单。

（2）买家申请取消的订单：买家付款后由于各种原因取消的订单。

（3）有纠纷的订单：由于某种原因，买家提起异议或是向速卖通提起仲裁的订单。

（4）未读留言：买家下订单后和卖家进行沟通的信息，比如催促发货、询问物流信息或者其他发货要求等。

（5）等待卖家验款：买家下订单后，将货款支付到速卖通平台，等待速卖通平台通过风险审核的订单。

（6）等待您留评：买家确认收货，交易结束后，买卖双方可以互相留评，等待卖家留置评价的订单。

（7）等待放款的订单：买家未在规定时间内确认是否收到货物。速卖通平台会对卖家提供的货运信息进行核实，并根据核实结果进行放款操作。还有一种情况就是等待银行清算处理。

3. 等待买家操作的订单

（1）等待买家付款：买家虽然下了订单，但是还未将款项打入速卖通平台。

（2）等待确认收货订单：即卖家填写发货通知后，买家确认收到货之前的订单。

（二）订单的分析与确认

在买家下单后，卖家需要对买家的订单信息进行分析与确认。每一个订单都有订单号，如 8141892180035302。在订单号的下边是买家下单时间。其右边是买家姓名，单击后可以看到买家的一些交易情况，包括其购买的产品信息及评价信息等。

在买家姓名的下边为“未读留言”，单击后也可以进入订单详情界面，同样，带邮件图标的“Contact”也链接到订单详情界面。订单的金额以美元来表示，如果是以其他货币支付的，则在美元金额后同时显示其原始支付货币符号及金额。

再往下依次为产品的主图、标题、单价、订购数量、订单状态（等待您发货、等待买家付款、已完成、已关闭等）、剩下发货时间，以及“填写发货通知”和“线上发货”按钮。新手要注意的是，一定要在剩余时间内发货，否则会被速卖通平台判断为成交不卖，不但货款会被退回，而且会受到一定的处罚，影响店铺的正常经营。

单击订单号可以进入“订单详情”界面。该界面包含以下信息：订单状态、发货时间提醒、买家 ID 地址信息和资金详情等内容。

卖家一般可以根据这些信息确认客户购买的产品及数量、客户的联系方式（包括确定客户来自哪个国家、收件地址信息是否有异议等。俄罗斯的订单尤其需要注意，如果客户的信息里名字不是全名的话，即使包裹到达对方邮局，对方也没有办法收件）、客户选择的物流方式是否为最优的方式等，进而初步核算相应的运费、交易手续费和利润，并规划下一步的发货环节。

（三）订单的其他处理方式

跨境电子商务的卖家在销售产品的过程中，难免会遇到客户退单和订单纠错等情况，其实所有的跨境电子商务平台都是一样的，下面以速卖通平台常见的订单问题和处理方法为例来加以说明。

1. 取消订单

很多买家可能因为下单失误或者地址信息错误需要取消订单，也可能会因为重复下单、下错订单或订单改价等需要取消订单，取消订单是需要买家来完成的。买家可以进入买家首页，点击“Cancel Order”按钮来取消订单。

如果订单已付款成功，处于等待卖家发货的状态，需要买家点击“Cancel Order”，并且选择取消订单的原因，卖家同意取消后系统会关闭订单，将款项退回给买家。

买家在拍下后取消订单时，如果选择卖家原因，卖家同意后会造成成交不卖的情况，买家不良订单体验率（order defect rate，ODR）指标升高，这会影响卖家服务等级。所以在买家取消订单时，一定要跟买家进行友好沟通和协商，尽量让买家选择自身原因取消订单。

当买家取消订单时选择“其他原因”时，作为卖家最好询问下具体原因，以免遭到平台处罚。

2. 订单价格的修改

如果卖家需要修改订单的总金额，如想给一些忠实买家一些折扣，或修改运费等，可以让买家拍下订单时先不要付款，卖家先去调整价格。有时候买家会讲价，要求给予折扣或减免费用，这时卖家可以选择“调整价格”以促进成交，通过点击“订单详情”里的“调整价格”修改订单金额。

3. 订单的批量导出

速卖通卖家可以借助“订单批量导出”功能来提升卖家订单管理的效率，这样既能便利地对订单进行有效管理，也能更方便地将物流相关信息提交给货代公司。

首先卖家要设置需要导出的订单条件，包括订单状态和下单时间。订单状态分为：全部订单、等待卖家发货、等待买家确认收货、等待买家确认金额、等待买家付款、纠纷中的订单、已结束订单、冻结中的订单和资金未到账。卖家可以根据实际需要选择导出的订单状态。下单时间选择，目前速卖通仅支持最多跨度 3 个月的订单被导出。

接下来设置需要导出的订单——交易订单信息和物流信息。可以根据实际需要，选择“全选”或者勾选想要导出的订单字段，点击“订单批量导出”按钮开始导出订单信息。

订单导出成功后，点击“下载导出的文件”将订单信息保存到本地的电脑上，订单文件以 Excel 形式保存，并且一次性导出的订单量不能大于 60 000 条。

4. 管理订单通知设置

为帮助卖家及时收到关于订单的提醒，不错过任何一个商机，速卖通平台推出了订单提醒功能，所有的订单通知都是免费的。卖家可以使用“设置通知方式”功能来实现。速卖通的订单通知方式有短信通知、Trade Manager 和邮件通知三种，卖家可以根据其指引简单地进行设置，这样就能及时获得相关的订单信息。

在速卖通的后台中，单击“商品管理”选项，进入“商品管理”界面，在左侧列表框中，单击“设置通知方式”选项，进入“全球速卖通订单通知”界面，在打开的界面中进行相应设置即可。

（四）订单发货处理

速卖通平台的订单发货处理一般分为两种：线上发货和线下发货。两者的发货方式各有利弊，买家可以根据订单量和选择的货代情况进行选择。

1. 线上发货

“线上发货”是由速卖通、菜鸟网络联合多家优质第三方物流商打造的物流服务体系。卖家使用“线上发货”可直接在速卖通后台在线选择物流方案，物流商上门揽收或者卖家自己寄至物流商仓库，然后发货至境外。卖家可在线支付运费并在线发起物流维权，阿里巴巴作为第三方将全程监督物流商服务质量，保障卖家权益。

（1）线上发货相对于线下发货的优势

① 规避物流低分，提高账号表现

每个月进行卖家服务等级评定时，使用线上发货的订单因物流原因导致的低分可抹除［物流问题导致的 DSR（description，宝贝与描述相同；service，卖家的服务态度；rate，物流的服务质量）物流服务 1 分，仲裁提起、卖家责任裁决率都不计入考评］。

② 物流问题赔偿保障

阿里巴巴作为第三方将全程监督物流商服务质量，保障卖家权益。卖家可针对丢包、货物破损、运费争议等物流问题在线发起投诉，获得赔偿［仅支持国际（地区间）小包物流方案］。

③ 线上发货运费低于市场价、支付更方便

享受速卖通专属合约运费，低于市场价，只发一件也可享受折扣。

④ 线上发货渠道稳定，时效快

直接和中国邮政等物流商对接，安全可靠。线上发货上网时效快，妥投时效高于线下。

（2）线上发货操作流程

进入订单详情界面后，可以看到订单的详细情况，买家已经付款结束，并且资金已经通过风控审核，需要卖家进入发货环节。单击“去发货”按钮，在出现的界面里单击

“线上发货”按钮（图6-1），进入物流方案选择界面。系统会自动列出物流服务商的服务名称、参考运输时效、交货地点和试算的运费。需要注意的是，这些参数和数据均是基于卖家发布产品时提供的相关数据和订单有关信息自动给出的，如果基础数据有误或者不准确，试算运费将不能算出真实的运费。卖家也可以单击“包裹重量”右边的“修改”按钮，对发货地址、包裹重量、尺寸等信息进行修改，并重新计算运费。

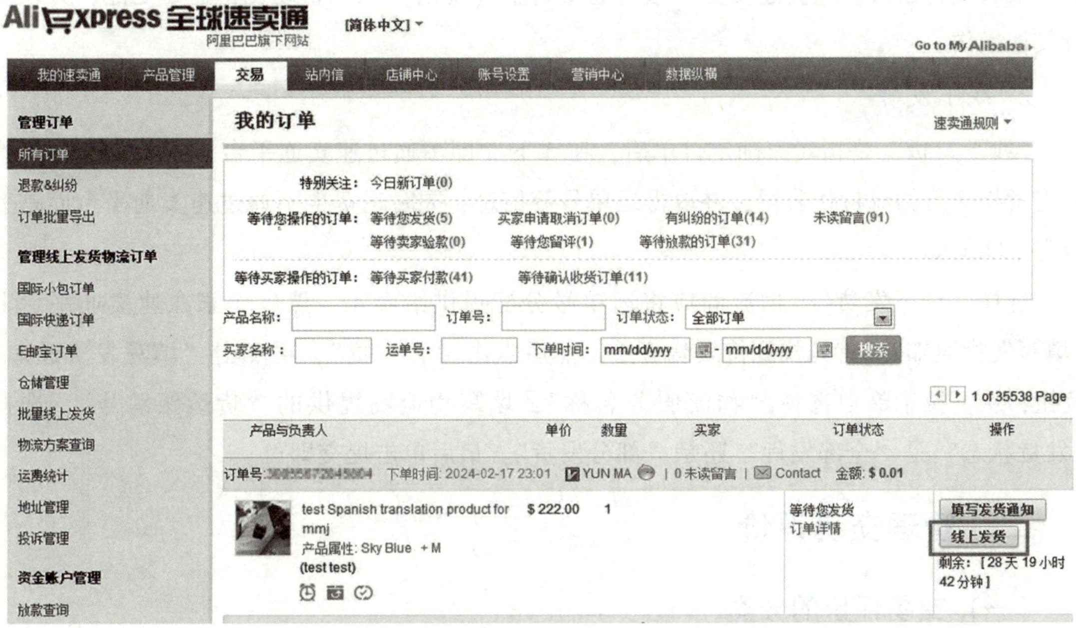

图6-1　速卖通“我的订单”——“线上发货”界面

卖家应综合考虑自己销售产品的成本、设置的承诺运输时间、交货情况、买家所在地海关的因素和运费情况，进而选择最优的物流方案。值得注意的是，在物流选择方案中，卖家选择使用的物流服务和买家下单时选择要一致，如果不一致的话，可能导致买家拒收或者引起纠纷。如因特殊原因或不可抗力因素导致所选方案不可行，那么必须提前跟买家进行沟通，在征得买家同意后再更改物流方案。

物流方案选择完毕后，单击“下一步，创建物流订单”，进入创建物流订单界面。如果卖家位于线上发货系统的揽收范围内，可在系统里申请免费上门揽收。若不在揽收范围之内，那么产品需要自己送到中转仓库，需要填写境内快递公司名称和境内物流单号，便于卖家系统查询和中转仓库揽收。

物流订单创建成功，只需点击“提交发货按钮”，便可完成订单创建。下一步即可货物打包，粘贴发货标签，等待揽货。在“交易”选项卡的“物流服务”中找到相应的物流方式，进入并查找相应的订单号，就可以看到物流订单的状态。

接下来，单击“打印发货标签”按钮，弹出打印窗口，内容为PDF格式的物流发货标签，然后选择打印机打印即可。

将打印好的物流标签粘贴在产品的外包装上，做好防水措施，之后就可以等待物流公司上门揽收了。然后回到上一步，点击“填写发货通知”，进入填写发货通知界面，在“发货状态”中，勾选“全部发货”，单击“提交”按钮。

最后支付运费。速卖通卖家一般开通支付宝（境内）账户自动支付运费功能，无须进行其他操作。

2. 线下发货

“线下发货”是指卖家确定订单后，在线下（即不通过速卖通平台）寻找物流商，然后将货物交给物流货代公司，并取得运单号等信息，同时运费也不通过速卖通平台而是另行交给物流商。

选择“线下发货”，物流商应将运单号分配提供给卖家，然后卖家在速卖通平台上“填写发货通知”。首先找到待发货订单，然后点击“去发货”，再点击“填写发货通知”按钮，从下拉菜单中选择“物流服务名称”，填写物流商提供的“货运跟踪号”，选择“发货状态”是“全部发货”还是“部分发货”，最后单击提交即可。

二、管理交易评价

（一）交易评价的分类

速卖通平台的评价分为信用评价及卖家分项评分两大类。

1. 信用评价

信用评价是指交易的双方在订单交易结束后对对方信用状况的评价。信用评价包括五分制评分和评论两部分。

2. 卖家分项评分

卖家分项评分是指买家在订单交易结束后以匿名的方式对卖家在交易中提供的产品描述的准确性（itemas described）、沟通质量及回应速度（communication）、物品运送时间合理性（shipping speed）三方面服务做出的评价，是买家对卖家的单向评分。

买卖双方均可以进行互评，但卖家分项评分只能由买家对卖家做出。

（二）评价指示

在速卖通平台，卖家的评价情况可以通过评价档案来体现，包括近期评价摘要（卖家员公司名、近6个月好评率、近6个月评价数量、信用度和会员起始日期）、评价历史（过去1个月、3个月、6个月、12个月，以及历史累计的时间跨度内的好评率、中评率、差评率、评价数量和平均星级等指标）和评价记录（会员得到的所有评价记录、给出的所有评价记录及在指定时间段内的指定评价记录）。

1. 评价星级

评价星级（starrating）是会员在评价一笔交易时给出的五星制评分。评分的含义：5星为“太棒了”，4星为“挺好的”，3星为“普通”，2星为“不好”，1星为“太差了”；5星、4星定义为好评，3星定义为中评，2星、1星定义为差评。

2. 评价数量

评价数量（number of ratings）是一段时间内会员收到的生效评价的个数。

3. 好评率、中评率、差评率

好评率、中评率、差评率（positive/ neutral/ negative）是在一段时间内会员收到的好评、中评、差评数量的百分比。

4. 信用度

信用度（feedback score）是会员所有评价得分的累计值。

5. 平均星级

平均星级（average rating）是一段时间内会员收到的评价星级的平均值。

（三）各项指标的计算方法

（1）好评率=6个月内好评数量/（6个月内好评数量+6个月内差评数量）。

（2）差评率=6个月内差评数量/（6个月内好评数量+6个月内差评数量）。

（3）信用度：5星或4星=+1，3星=0，2星或1星=-1。

（4）平均星级=所有评价的星级总分/评价数量。

（5）卖家分项评分中各单项平均评分=买家对该分项评分总和/评价次数（四舍五入）。

此外，对于速卖通的交易评价管理，平台非常重视，并制定了相应规则。

（四）交易评价时间规则

卖家发货的全部订单，在交易结束30天内买卖双方均可评价。如果双方都未给出评价，则该订单不会有任何评价记录；如一方在评价期间内做出评价，另一方在评价期间内未评的，则系统不会给评价方默认评价（卖家分项评分也无默认评价）。

（五）交易评价的计分规则

产品/商家好评率（positive feedback ratings）和商家信用积分（feedback score）的计算方法如下。

（1）相同买家在同一个自然旬（自然旬即为每月 1—10 日、11—20 日、21—31 日）内对同一个卖家只做出一个评价的，该买家订单的评价星级则为当笔交易评价的星级（自然旬统计是按照美国太平洋时间）。

（2）相同买家在同一个自然旬内对同一个卖家做出多个评价，按照评价类型（好评、中评、差评）分别汇总计算，即好、中、差评数都只各计一次（包括 1 个订单里有多个产品的情况）。

（3）在卖家分项评分中，同一买家在一个自然旬内对同一卖家的产品描述准确性、沟通质量和回应速度、物品运送时间合理性三项中某一项的多次评分只算一个，该买家在该自然旬内对某一项的评分计算方法为平均评分 = 买家对该分项评分总和/评价次数（四舍五入）。

（4）以下三种情况不论买家留差评或好评，仅展示留评内容，都不计算好评率及评价积分。

① 成交金额低于 5 美元的订单（成交金额明确为买家支付金额减去售中的退款金额，不包括售后退款情况）。

② 买家提起未收到货纠纷，或纠纷中包含退货情况，且买家在纠纷上升到仲裁前未主动取消。

③ 运费补差价、赠品、定金、结账专用链、预售品等特殊产品（简称“黑五类”）的评价。

以上情况之外的评价，都会正常计算产品/商家好评率和商家信用积分。不论订单金额，都统一为：好评+1，中评 0，差评-1。

（5）卖家所得到的信用评价积分决定了卖家店铺的信用等级标志，具体标志及对应的积分可扫描二维码了解。交易评价等级标志与积分同时会在卖家的产品页和商铺中展示出来，给买家一个最直观的购物参考。

（六）评价的公开和生效规则

支付成功的订单，买卖双方须在订单完成或关闭后 30 天内进行评价，不同情况生效时间规则如下。

（1）在订单完成后 45 天内，交易双方未完成互相评价时，评价不公开、不生效、不计分。

（2）在订单完成后 45 天内，如果双方完成互相评价，评价即时公开、生效、计分。

（3）在订单完成后 45 天内，如果 A 方对 B 方留下 4 星或 5 星的评价，而 B 方未对 A 方留下评价，则系统自动给 A 方留下一个 4 星的评价。

（4）在订单完成后45天内，如果A方对B方留下1星、2星或3星的评价，而B方未对A方留下评价，则系统不会给A方留下评价。

（5）在订单完成后45天内，双方均未评价，则双方均不收到评价。

（七）信用评价修改、删除规则

（1）卖家对买家给予的中差评有异议的，可在评价生效后30日内联系买家，让买家对其评价自行修改；买家可在评价生效后30日内对自己做出的该次评价进行修改，但修改仅限于中差评改为好评，修改次数仅限1次。

（2）买家对卖家给予的中差评有异议的，可在评价生效后30日内联系卖家，让卖家对其评价自行修改；卖家可在评价生效后30日内对自己做出的该次评价进行修改，但修改仅限于中差评改为好评，修改次数仅限1次。

（3）买卖双方也可以针对自己收到的差评进行回复解释。

（4）对于卖家分项评分，一旦买家提交，评分即时生效且不得修改。若买家信用评价被删除，则对应的卖家分项评分也随之被删除。但是如果买家没有收到货，而给卖家留下的差评，卖家发出的移除需求不能移除，因为在这类个案中，买家没有收到货，这给买家造成了事实的损害，给出差评，合情合理；卖家在交易过程中，有足够机会去跟进物流、与买家保持沟通、做出说明和安抚；即便买家留下差评后，如果货品后来送到了，卖家也可以与买家沟通，请求买家修改差评。所以，买家没有收到货，给出差评完全合理；卖家也有机会在事前事后进行沟通协调。本着鼓励买卖双方自行协商解决的原则，平台不支持移除评价的需求。

（八）交易评价的管理

当订单正常结束后，买卖双方可以对彼此进行评价。卖家可以在“交易”界面下的“所有订单”中找到“等待您留评”的订单，或者在“交易评价”中找到“管理交易评价”，进入待评价订单列表，单击“评价”按钮，进入评价页面，可以对买家进行评价，既可以选择星星打分，也可以进行留言评价，完成后单击“评价”即可。

在回复买家评价时，卖家也可以通过点击“交易管理评价”中的“生效的评价”看到买家留下的交易评价，同时找到“回复评价”功能进行反馈操作，给买家留下评价和留言评论。如果收到好评，则可以感谢对方的支持和理解，并表示会继续努力做得更好，吸引其进一步购买；但是如果收到差评，应该及时联系客户沟通，协商能否使买家修改其给予的差评。

知识拓展

跨境电子商务管理交易评价的意义

跨境电子商务管理交易评价对电子商务平台和卖家具有重要的意义，这不仅影响平台的信誉，还直接关系到买家的购物决策。

（1）信任建立：交易评价是建立买家对卖家信任的关键因素之一。良好的评价可以让潜在的买家更加信任卖家，提高他们在购物时的信心。

（2）市场声誉：通过积累正面的交易评价，卖家能够在跨境电子商务市场上建立良好的声誉。良好的市场声誉有助于吸引更多的潜在买家，增加销售机会。

（3）产品质量和服务改进：通过分析交易评价，卖家可以了解到用户对产品质量和服务的真实反馈。这使得卖家能够及时做出改进，提高产品质量和服务水平。

（4）决策辅助：买家在购物前往往会仔细阅读其他用户的评价，以了解产品的实际情况和卖家的服务水平。这些评价为买家提供了决策参考，帮助他们做出更明智的购物决策。

（5）纠纷解决：交易评价也是解决纠纷的一个重要工具。如果买家和卖家之间发生问题，可以通过评价系统进行沟通，有助于平稳解决争端。

（6）建立社区感：通过积极参与评价和回复，卖家能够在平台上建立起积极互动的社区感。这种社区感有助于促进用户之间的信任和合作。

（7）差异化竞争：良好的交易评价是卖家在竞争激烈的市场中脱颖而出的重要因素之一。积极管理评价，建立卖点和优势，有助于卖家实现差异化竞争。

（8）提高平台质量：对于电子商务平台而言，积极管理和监控交易评价是提高平台整体质量和用户体验的手段之一。这有助于吸引更多卖家入驻，提升平台的整体竞争力。

总的来说，跨境电子商务管理交易评价对于建立信任、促进市场发展、提高用户满意度等方面都具有非常重要的意义。良好的评价体系有助于维护平台生态平衡，促进电子商务市场的健康发展。

第二节　跨境电子商务客户的开发与维护

跨境电子商务客户的开发与维护对于建立稳固的客户关系、提高忠诚度和促进再次购买至关重要。

亚马逊通过引入 Prime 会员计划，为会员提供快速配送、独家折扣和其他特权。这种会员计划鼓励用户成为忠实的亚马逊顾客，频繁使用该平台进行购物，并增加其购物车中的购物价值。

速卖通通过提供卖家培训课程、线上研讨会和指导材料，帮助卖家更好地理解跨境电子商务的运作方式。这种培训不仅有助于吸引新的卖家，还提高了卖家在平台上的表现和成功率。

Wish 通过积分和优惠券系统，奖励用户在平台上的活跃和忠诚。用户可以通过购物、评价和分享等活动获得积分，然后可以在后续购物中使用。这种机制促进了用户的参与和重复购买。

这些案例强调了客户开发与维护在跨境电子商务中的关键性。通过提供个性化的体验、特权和支持，电子商务平台能够吸引更多的新客户，同时保持现有客户的忠诚度，建立长期稳健的客户关系。

一、跨境电子商务客户的开发

跨境电子商务客户开发是指企业通过分析产品或服务的市场形势，制定企业经营目标，针对跨境目标客户的需求展开有效的营销活动，将目标客户的购买欲望和能力转化为购买行为，引导客户成为企业现实客户的过程。跨境电子商务客户开发是一个动态的过程，企业需要持续进行海外市场调研，持续更新客户需求，并对产品及服务进行改进；企业要不断地开拓海外市场，在开发新客户的同时维护老客户以扩大企业客户群体。

下面主要对推销式客户开发进行具体介绍。

随着社会的变迁，推销的含义也在不断地演变。从广义的角度看，推销是由信息发出者运用一定的方法与技巧，通过沟通、说服、诱导与帮助等手段，使信息接收者接受发出者的建议、观点、愿望、形象等的活动总称。从狭义的角度看，推销是指企业营销组合策略中的人员推销，即企业推销人员通过传递信息、说服等技巧与手段，确认、激活客户需求，并用适宜的产品满足客户需求，以实现双方利益交换的过程。高效推销存在着一定的方法与技巧。

（一）地毯式寻找法

地毯式寻找法是指在不熟悉客户或不完全熟悉客户的情况下，营销人员在特定的范围内挨家挨户访问推销的方法，即上门推销法。依靠挨家挨户的方式拜访跨境电子商务客户难以实现，在“互联网+”时代，要充分运用互联网开发跨境电子商务客户。推销人员需要在充分熟悉产品和市场后，调研国外市场主要客户，可以通过互联网搜索潜在客户信息。

如查看网上销售店铺，研究客户经营产品品类、档次、主要市场等；通过邮件、电话、社交媒体等渠道触达潜在客户，主动拓展业务。

（二）商务会议寻找法

商务会议寻找法是指企业利用各种商务会议寻找跨境电子商务客户的一种方法。随着社会的发展，会议已经成为各类组织传播和发布信息的重要载体，会议形式也日趋多样。很多具有商业性质的会议能为参会者提供大量客户开发机会，如路演会、研讨峰会、贸易博览会（图6-2）。跨国行业演讲会或品牌技术研讨会经常会聚集世界上主要国家和地区的生产商和销售商，因此借助这类会议可以更好地开发海外市场。

图6-2　贸易博览会

（三）咨询寻找法

咨询寻找法是指企业利用社会上各种专业的市场信息服务部门或国家行政管理部门所提供的信息来寻找跨境电子商务客户的一种方法。与企业自己寻找客户相比，咨询寻找法更加方便迅速，所得信息也更加可靠。同时，采用咨询寻找法还可以节省企业的推销时间，节约开支。但是采取此方法也需要注意鉴别二手信息的准确性与可行性。

（四）委托寻找法

委托寻找法是指委托与目标客户有联系的人协助寻找目标客户的方法。在目标客户身处海外，与跨境电子商务距离遥远且存在较大文化差异的情况下，利用更了解当地市场状况的推销助手，既可以及时有效地获取促销情报，又可以降低促销成本，提高推销的经济效益。同时，委托助手开发客户时，助手以第三方的公正形象出现，具有更强的说服力。但是需要注意：强大的助手可能会将开发的客户据为己有，实力欠佳的助手开发跨境电子商务客户的能力又有限。因此，获取得力助手往往较为困难。

（五）核心影响力方法

核心影响力方法是指将特定范围内一些具有影响力的人物或组织发展成为企业客户，在他们的影响和帮助下，在该范围内开发其他客户。一般来说，中心人物或组织往往在公众中具有较高社会地位与影响力，其购买与消费行为就可能引导其“忠实用户”进行购买与消费。使用此方法的关键是寻找、确定中心人物或组织。这需要企业进行精准的市场细分，在各个目标子市场范围内寻找有影响力的中心人物或组织并与之建立良好关系。

（六）挖掘对手客户法

挖掘对手客户法是指企业通过各种竞争手段，例如推出差异化产品、提供增值服务、降低产品价格等，从竞争对手处抢夺目标客户、获取市场份额的方法。使用此种方法需要明确产品定位，抓住对手产品缺点，凸显自身竞争优势以获取更多客户。

二、跨境电子商务客户等级管理

在客户等级管理中，对客户进行细分的方式多种多样，如按照客户的消费行为特点、客户的地理位置、客户的职业、客户知识层次、客户生命周期价值等进行细分。根据跨境电子商务客户管理的特点，对客户细分较为常用的方法是 RFM 客户细分模型，主要通过最近一次消费的时间、消费频率和消费金额三个维度来衡量客户的价值。

（一）RFM 模型含义

R（recency）指最近一次消费的时间，也就是客户上一次在店铺成交的时间。理论上，客户购买的时间越近，对店铺的记忆程度越高，也相对容易再次购买商品。

F（frequency）指消费频率，即在单位时间内的消费次数。消费次数越多，说明客户的满意度越高，对店铺的忠诚度也越高。

M（monetary）指消费金额。根据帕累托法则——企业 80%的收入来自 20%的顾客，跨境电子商务应将有限的资源投入能够为企业带来更高价值的客户身上。

（二）实施 RFM 分级的步骤

1. 收集客户交易数据

RFM 客户细分模型操作流程的第一步是收集客户交易数据，包括客户身份信息、客户名称、交易日期、交易产品和交易金额等。在进行数据收集时，需要注意区分仅浏览未下单的数据和实际成交数据。

2. 整理交易数据

RFM 客户细分模型操作流程的第二步是对收集到的客户交易数据进行分类并按照客

户 ID 或客户名称进行排序整理。

3. 确定 RFM 划分维度和层级标准

RFM 客户细分模型操作流程的第三步是对客户数据按照最近一次消费的时间、消费频率和消费金额进行等级划分。一般来说，较常用的是按照以上三个维度划分为四个等级（表 6-1）。

表 6-1　RFM 模型等级划分

最近一次消费的时间（R）	消费频率（F）	消费金额（M）
R1（最近）	F1（最频繁）	M1（最高）
R2（较近）	F2（较频繁）	M2（较高）
R3（较久）	F3（较少）	M3（较低）
R4（最久）	F4（仅一次）	M4（最低）

4. 客户群分类管理

RFM 客户细分模型操作流程的最后一步是对客户进行分类管理，针对不同客户定制营销方案、推广活动。应重点关注由 R1 级、F1 级和 M1 级客户组成的重点客户群，重点客户的交易频率更高、花费金额更多。

三、跨境电子商务客户沟通管理

（一）客户沟通定义

沟通是指人与人、人与群体、人与社会之间双向地传递、接收、交流、分享信息的活动过程。客户沟通是指企业通过与客户建立互相联系的桥梁或纽带，拉近与客户的距离，加深与客户的感情，从而赢得客户满意与客户忠诚所采取的行动。

（二）跨境电子商务客户沟通的特点

1. 沟通主体分属不同关境

跨境电子商务客户沟通的主体分属于不同的关境，可能具有不同的语言、文化、思维方式、消费行为等，双方的差异可能对二者之间的沟通构成阻碍。跨境电子商务客服需要充分掌握差异，才能更好地进行客户关系管理，最终促进销售业绩的增长。

2. 沟通主要采用电子商务手段

跨境电子商务客户沟通的整个流程主要采取电子商务手段，使用依托于网络的沟通工具。

速卖通、敦煌网等知名跨境电子商务平台开发了自己的在线即时通信工具，供卖家及买家用户进行在线交流。Trade Manager 是全球速卖通平台的在线即时通信工具，拥有在线沟通、联系人管理、消息管理、登录记录查询等基本功能。用户可以通过 Trade Manager 主动和同行业的买家进行交流联系。对于卖家而言，该软件不仅具有在线沟通功能，还支持店铺、网站快捷入口、定位沟通对象及文件图片互通等强大功能，能够与消费者更便利地进行沟通。敦煌网为平台商家开发了敦煌通作为沟通工具，它能让卖家更加方便快捷地了解客户的需求及问题，并具备聊天、记录买家信息、自动回复、可见客户输入内容等功能，能够大幅提升买卖双方间的沟通效率。

除了平台自己开发的沟通工具外，也可以选择合适的即时性沟通工具与客户交流，国际上常见的沟通软件有以下几种。

（1）MSN。MSN 是最早的在线聊天工具之一，MSN 账号存在对应邮箱，在日常生活中被广泛使用。目前某些场景下 MSN 需要与 Skype 绑定使用。

（2）Viber。Viber 的使用方式与微信类似，在有网络的情况下可以免费使用，能够与世界各地的人进行交流。

（3）WhatsApp。WhatsApp 的使用方式与 Viber 类似，但 WhatsApp 的用户大部分 是中东人、南美人。

（4）Facebook。Facebook 是全球最大的社交网站之一，目前拥有超过 10 亿的实名注册用户。在 Facebook 上既可以看到客户的动态更新，同时也可以与客户连线对话、建立群组等，还可以进行关键词搜索，并将搜索到的对象加为好友，其性质类似于国内的微博。

（5）Twitter。Twitter 是非常实用的社交网络服务网站之一，可以推送博文，也具有私信功能。

3. 跨境沟通贯穿跨境电子商务业务全流程

在跨境电子商务业务中，跨境沟通贯穿于跨境电子商务业务的售前产品展示环节、售中业务洽谈环节和售后服务环节，跨境电子商务应构建跨境电子商务业务信息传播的完整体系，规划全方位的业务沟通。

在售前产品展示环节，店铺视觉展示和商品文字描述都属于与客户交流沟通的范畴。店铺视觉展示主要包括店铺标志、店铺公告栏、商品分类栏、客服栏、店铺内促销区等。商品描述一般包括图片、视频和文字。清晰美观的展示图片和视频给客户带来正向视觉冲击，能够促使客户点击商品并增加购买概率；对商品与服务清晰的文字描述也是提高客户购买转化率的关键。

在售中业务洽谈环节，跨境电子商务客服应对客户提出的关于商品、支付方式、物流等方面的咨询予以耐心准确的答复。遇到客户咨询或加购商品后未付款的情况，可进行适当跟踪，试图了解原因并尽量提供解决方案以完成订单。

在售后服务环节，跨境电子商务客服积极完成跟踪服务，并对客户反馈与评价进行及时回复，必要时进行适当的关系维系和沟通联络。跨境电子商务客服应争取通过恰当沟通使客户对商品给予好评，利用客户好评吸引更多潜在客户。订单完成后也需要继续完成客户维护工作，争取提高客户复购率，让客户成为忠实的回头客。

（三）跨境电子商务客户沟通的技巧

1. 沟通内容完整全面

跨境电子商务客服在面对客户提问时，除了回复客户所提出的针对性问题外，还应回复相关附带信息，实现真正的完整沟通。例如，客户询问产品的价格时，客服还可以在回复时简要介绍产品的质量、售后服务等能够促进客户下单的信息。

2. 沟通及时

在跨境电子商务交易中，客户与客服可能存在时差问题，容易出现回复不及时的情况。跨境电子商务客服人员应在 24 小时内回答客户问题，或根据提问关键词设置自动回复以减少客户流失概率。若客服回复时间超过 24 小时，建议在回复时首先进行道歉。采取此类沟通方式能够使客户感觉自己被尊重和关注，有利于提高客户对店铺的满意度。

3. 合理解释，勇于承担

跨境电子商务客服人员要从客户的立场出发，在发生令客户不满意的意外事件时给予客户易接受的合理理由与解释，将问题发生原因归至第三方或不可抗力因素，同时提出解决方法与补偿方案。然而，寻找适当理由并不意味着逃避责任，跨境电子商务客服人员应以平复客户情绪与解决客户问题为重点。将错误合理地归咎于第三方身上，并表明在非自身过错的情况下仍然愿意帮助客户解决问题，更能使消费者感到满意，使消费者更顺利地接受解决问题的方案。

四、跨境电子商务客户维护——提升客户忠诚度

（一）跨境电子商务客户忠诚的概念

1. 跨境电子商务客户忠诚

跨境电子商务客户忠诚是指客户对某一跨境电子商务或某一品牌的产品或服务表现出一种依赖及认可，并且多次重复购买该品牌或该店铺的产品的行为方式。此类客户对电子商务在思想方面与情感方面的信任及忠诚，受同类产品或品牌的竞争性营销影响较小。

2. 品牌忠诚

品牌忠诚是指客户在购买某一类产品时总是选择同一个品牌或店铺。例如，家养宠物狗的客户，在亚马逊上购买狗粮时只选择 Acana 这一个品牌，这位客户即为品牌忠诚客

户。品牌忠诚包含以下行为类别。

（1）完整忠诚。对品牌完整忠诚的客户在购买某一类产品时完全只认定同一个品牌，不会购买该品牌之外的商品，甚至会因为对品牌的认可和喜爱而购买该品牌的其他相关产品。

（2）偶然变换。这类客户在购买一类产品时通常认定一个品牌，但偶尔可能会更换或尝试其他品牌，或者在原品牌库存不足、无法购买时，不得不更换购买品牌。但是，原品牌依然为购买此类商品的首选品牌。

（3）转换忠诚。这类客户原先并不是某品牌的忠诚客户，但可能由于得到了店铺的贴心服务、认可店铺的产品质量或得到店铺赠品与回访等原因而成为某店铺的忠诚客户。

（4）分割忠诚。这类客户在跨境电子商务平台较为常见，客户忠于多个品牌，而非仅锁定某一品牌。当需要购买某类产品时，会在某几个品牌范围内进行选择，按需求择优购买，并不固定选择某一品牌。

（5）无忠诚。这类客户认为各品牌间差异度较小，决定其购买行为的主要因素是产品的价格。跨境电子商务对此类客户进行营销的成本较高，可能只有在店铺进行大力促销活动时此类客户才会产生一次购买行为。

3. 品牌忠诚态度

品牌忠诚态度不仅包含客户对品牌的重复购买行为，还包括客户对品牌的认可、信任、情感依附水平及对品牌的偏好程度。品牌忠诚态度主要分为以下三类。

（1）无忠诚态度。这类客户重复购买某品牌商品的可能性较小，对产品的价格较为敏感，更倾向于购买优惠力度最大或价格优惠的商品。

（2）伪忠诚态度。这类客户对产品的品牌并没有深入了解，也并不明确各品牌的特色以及品牌间的差异，他们的重复购买行为可能只是习惯使然。例如，在需要购买袜子时，为了节省时间，客户可能会习惯性地从上次下单的商品链接直接点击再次购买。此类客户即使有多次重复购买行为，却并未对品牌表现出强烈的忠诚态度。

（3）潜在忠诚态度。这类客户购买频率较低，但对品牌有着强烈的忠诚态度，认可品牌的产品特色、产品质量或相关服务，且有明确的购买意向与购买欲望。例如，许多年轻女性面对高端美妆产品时，或许对该品牌有明确的偏好，认可其产品并希望回购，但是由于产品价格较高，没有经常购买产品的经济能力。

（二）跨境电子商务客户忠诚的意义

客户忠诚具有以下几个方面的意义。

1. 降低客户服务成本

（1）节约开发新客户成本。新客户并未接触或购买过卖家的产品，在下单前通常会有较长的观察期，因此卖家需要投入更多的精力争取新客户。跨境电子商务需要投入大量人力、时间及资金成本来利用各大平台提供的挖掘新客户的渠道。例如，在全球速卖通平台上，需要进行联盟营销、参加平台活动、购买全球速卖通“直通车”推广、参加平台大促、进行社交媒体营销等活动。投入较多可能导致新客户给店铺贡献的利润在很长时间内低于开发新客户的成本。相比于开发新客户的投入，店铺维护老客户的成本则低得多。只需要确保产品质量，做好售后服务、保持联系，以及定期回访或进行有效沟通等就能够大概率完成好老客户维护。

（2）降低交易成本。忠诚客户对卖家的店铺、产品或品牌已经有较为深入的了解，接受卖家的品牌理念，认可品牌的产品质量，对卖家的店铺有较高的信任感，忠诚客户在购物时通常选择直接下单，无须与客户进行反复沟通确认，在很大程度上降低了卖家的交易成本。

（3）降低服务成本。由于新客户对品牌或产品不了解，其关于产品的咨询、疑问、纠纷会比忠诚老客户多得多。在遇到产品使用体验不佳、物流延迟、包裹遗失等订单问题时更容易对卖家持否定态度，需要客服投入大量精力，服务成本较高。而忠诚度高的老客户对产品和卖家比较信任，在遇到问题时会积极地与卖方协调沟通，同时，客服也熟悉老客户的预期和接受服务的方式，能更有针对性地为老客户提供服务，提高服务效率，降低店铺的服务成本。

2. 树立良好口碑，壮大客户队伍

现在越来越多的消费者不再盲目地相信广告，而是更相信口碑。即许多消费者在进行购买决策时，会受到周边好友或关键意见领袖（key opinion leader，KOL）推荐的影响，因此，树立良好的产品口碑与品牌形象将极大地促进产品销售。忠诚客户常常会将使用产品或服务的满意体验通过好评或社交媒体途径向周边的人进行宣传，也会主动地向亲朋好友进行推荐，成了跨境电子商务最有力的宣传者，帮助企业树立良好的形象。

3. 降低经营风险，为企业增收

如果企业不断地流失客户，企业经营过程中面临的不确定因素将会增加，带来更高的经营风险。尽管跨境电子商务面对的零售客户比传统贸易的大客户管理起来要复杂许多，但是相对稳定的客户群体和良好的客户关系，同样能够帮助卖家排除一些不确定的干扰因素。卖家不再需要花费太多时间用于应付不断变化的客户群体，可以集中精力和资源为稳定的忠诚客户群体提供更完美的服务。卖家熟悉忠诚客户的品质要求与服务需求，可以高效而熟练地为他们提供服务，更容易提升客户满意度，并且降低经营风险。

4. 有助于店铺发展进入良性循环

拥有忠诚客户越多的店铺，利润增长速度越快，店铺资金回收越快，生产销售速度也

会加快，店铺规模也会随之扩展，员工待遇得以增加，员工对企业的满意度和忠诚度也会进一步提升，更能激发员工士气。员工干劲十足，工作效率更高，也能为客户提供更令人满意的产品与服务，有利于跨境贸易企业稳定忠诚客户资源，强化客户忠诚。而忠诚客户群体的不断增加，将为企业带来更多的经营收益，使企业发展进入新的良性循环。

（三）客户忠诚度的衡量

1. 客户重复购买次数

客户重复购买次数是指在一定时期内，客户重复购买某一跨境电子商务店铺内产品的次数。客户对某一店铺的产品或店铺内某一品牌产品购买的次数越多，说明其对这一店铺或品牌的忠诚度越高，反之则越低。

2. 消费金额

客户在某一店铺或某一品牌支付的消费金额与购买同类产品支付的总金额的比值可作为衡量客户忠诚度的重要指标。此比值越高，则说明客户忠诚度越高，反之，则客户忠诚度越低。

3. 选品时间长短

由于对店铺或品牌的信任度不同，客户挑选商品的时间也有所不同。如果客户对某一店铺或品牌有足够的忠诚度，则此客户对店铺服务或品牌品质有足够的信任，挑选商品的时间会比较短，更倾向于直接在店内下单。反之，选品时间越长表示客户对店铺内的产品选择不够坚定，忠诚度也相对较低。

4. 价格的敏感程度

如果对于店铺里的某一品牌商品，客户对其价格变动的承受能力强，则说明其价格敏感度低，同时也能体现他有较高的忠诚度。反之，若客户对商品价格变动的承受能力弱，即价格的变化会影响他的购物决策，那么他的价格敏感度则较高，也说明该客户对这一店铺品牌的忠诚度低。例如，若客户在产品涨价时依然愿意购买，则体现出该客户对品牌的认可与依赖。

5. 对竞品的态度

如果客户在选择商品时对平台上出售同类产品的其他品牌产品感兴趣并且更有好感，则说明其品牌忠诚度较低；反之，若客户仅对经常购买的品牌感兴趣，几乎不考虑购买其他品牌的同类产品则忠诚度较高。

（四）客户忠诚度的影响因素

1. 客户利益

客户不会无条件、无理由地忠诚于跨境电子商务的店铺或品牌。客户忠诚于品牌或店铺的本质原因是希望从高忠诚度行为中得到相应的实际利益，如优惠。如果卖家对高忠诚度客户不提供任何的特殊照顾，待遇与新客户并无差异，则客户很可能将不再忠诚于该店铺或品牌。

2. 与客户的情感联系

客户关系的本质是建立客户与企业之间的情感联系，只有真正站在客户的角度，与客户建立超越经济关系之上的情感关系，才能赢得客户的心，赢得客户的忠诚。当前越来越多的客户在进行购买决策时具有情绪化、情感诱导特征，跨境电子商务应重视与客户间的情感关系。

3. 转换成本

转换成本是指跨境电子商务客户在有购买需求时，从一个店铺更换到另一个店铺需要增加的成本与付出的代价。转换成本既包括经济成本又包括时间、精力的付出。例如，客户在对某一类产品有购买需求时，要重新寻找一家新店铺进行消费，那么对比各店铺产品优劣花费的时间和精力就是转换成本。转换成本越高，客户忠诚度也越高。

4. 可替代选择

可替代选择是指客户能够购买的其他店铺或品牌的同类型产品。在通过电子商务平台搜索商品时会显示出很多相似甚至相同的产品，这些产品之间形成替代关系。具有替代性的可选择产品越多，客户忠诚越难以维系。

5. 客户自身因素

（1）产品体验。当前的跨境电子商务客户群体以年轻人居多，他们在购买产品时更注重产品使用体验并且更愿意去尝试新的产品与服务。此类客户往往难以完全忠诚于某一店铺或品牌。

（2）自身需求。客户可能会因为需求的变化而变更购物店铺。例如，原先一直在一家跨境电子商务店铺回购童装的客户，因为孩子长大了，这家店铺的服装不再适合，所以不会再光顾。

（3）收入水平。客户可能因为收入的变化，导致购买力改变，而不再选择原先常购的店铺或品牌。

（五）提升客户忠诚度的途径

1. 提升客户满意度

客户满意是形成客户忠诚的基础。跨境电子商务卖家应通过树立良好的品牌形象与口碑，使消费者形成对企业的良好印象与购物预期。同时，跨境电子商务还应提高客户的感知价值，努力让客户的感知价值超过预期。提高客户感知价值的途径包括：增加客户感知到的产品价值、服务价值、品牌价值等；降低客户的货币成本、时间成本等。例如，推出为客户量身定制的产品，并提供全流程的追踪与保障服务。

2. 激励忠诚客户

（1）消费回馈

消费回馈能够让客户在重复购买中获益，通过向经常购买店铺商品的客户提供激励，来达到维护客户忠诚度的目的。例如，销售儿童玩具和礼品的店铺，买家第一次购买可以享受卖家设置的平台活动，例如店铺满立减等活动；后续的每一次回购都可得到购物金10%的返利，返利累积到一定程度即可兑换店铺商品。

（2）赠送礼品

赠送礼品的方式能够给客户带来预期之外的收获，从而提升客户对店铺服务的认可与满意度。需要注意的是，赠与的礼品最好与客户所购买的产品有所关联，让客户在使用购买产品时也能感知到赠品的用途与意义，让客户感觉到被认真用心对待。

3. 维系与客户的感情

在客户的订单完成后，还应努力与客户建立交易之外的联系，通过巩固和强化与客户之间的关系提高客户转换购买的精神成本。跨境电子商务客服应根据客户分级积极地与客户进行定期或不定期的沟通，了解客户的想法与意见；通过重要客户留下的一些信息在一些重要的节假日以恰当的方式予以问候。

4. 提高产品的不可替代性

当今消费者的需求个性化程度日益提高，亚马逊、eBay等电子商务平台根据消费者的个性化需求有针对性地推出了个性化的推荐服务，即根据客户的浏览习惯、购买记录等行为特征，将一些符合其消费习惯及品位的商品推荐到他们的购物首页。跨境电子商务卖家若能够为客户提供独特的、不可替代的产品或服务，包括个性化的产品外观、个性化的售后服务、个性化的技术支持、个性化的专属定制方案等，就可以将自己和竞争对手区分开来，发展成不可替代的优势，提高客户的依赖程度，实现客户忠诚。

5. 综合管理客户群

跨境电子商务可以通过设立会员卡的方式管理客户群体，并推出“入会立减”等针对会员的优惠活动，增加客户黏性；还可以通过建立群聊或官方社交媒体账号等方式在网络上与老客户进行互动，定期在客户群内发布内部限定的优惠活动。

6. 培养员工忠诚

对于跨境电子商务来说，客服人员是与客户最直接接触的一个群体，因此，跨境电子商务需要培养忠诚的员工来为客户提供令其满意的产品和服务。需要跨境电子商务在招聘和培训环节，以及设立客服规章制度等方面付出努力，培养出认真敬业、客户至上的客服人员；需要注意对客服人员给予尊重与关怀，以恰当方式激发客服人员的工作热情与动力。

知识拓展

跨境电子商务客户开发的小技巧

跨境电子商务客户开发是一个关键的业务环节，成功的客户开发策略能够增加客户忠诚度、提高复购率，同时扩大品牌在国际市场的知名度。以下是一些跨境电子商务客户开发的小技巧。

(1) 个性化沟通：利用客户数据，向客户发送个性化的电子邮件、信息或优惠券。考虑不同国家和地区的文化差异，调整语言和内容，确保与目标市场沟通的精准性。

(2) 定期更新内容：通过定期发布有价值的内容，如博客文章、新产品介绍、行业资讯等，保持与客户的互动。确保内容具有国际化的视角，满足不同地区客户的兴趣。

(3) 跨境社交媒体活动：利用跨境社交媒体平台，参与有关产品和品牌的讨论。运用当地社交媒体趋势，提高品牌曝光度。

(4) 提供本地化服务：为不同国家的客户提供本地化的购物体验，包括货币结算、语言支持和本地运费。了解当地特殊的购物和支付习惯，进行相应的服务调整。

(5) 客户调查和反馈：定期进行客户调查，了解客户需求和满意度。鼓励客户提供反馈，以改进产品和服务。

(6) 专属优惠和促销：提供针对特定国家或地区的专属优惠和促销活动，激发客户购物欲望。结合当地文化和节日，制定相应的促销计划。

(7) 建立会员计划：设计跨境电子商务会员计划，为忠实客户提供额外福利和折扣。制定积分兑换政策，增加客户留存率。

(8) 定期活动和庆典：举办定期活动和庆典，以庆祝特定国家的重要节日或纪念日。创造一个有趣的购物体验，提高用户对品牌的认知和喜爱。

(9) 提供多元支付方式：支持不同国家和地区流行的支付方式，提高购物的便捷性。确保支付页面信息清晰，减少支付过程中的不便。

这些小技巧有助于建立跨境电子商务与客户之间更紧密的关系，提高客户的忠诚度和品牌认知度。不同的市场和文化需要不同的策略，因此在执行这些技巧时，要灵活考虑目标市场的特点。

第三节 预防和处理纠纷

预防和处理纠纷对于跨境电子商务至关重要，能够维护平台的信誉，保障买卖双方的权益。

速卖通提供交易保障服务，包括支付宝的支付保障和国际站的纠纷解决机制。这些服务为买家提供了额外的保障，鼓励他们在平台上进行更多的交易。

亚马逊为买家和卖家提供了一种解决争议的途径。如果买家与卖家发生纠纷，无法解决，他们可以向亚马逊提起申诉。亚马逊将进行调查，确保双方的权益得到保护。

Wish 实行相对宽松的退款政策，允许买家在一定时间内申请退款，尤其是在商品未按时到达或与描述不符的情况下。这有助于建立用户对平台的信任，并减少纠纷的发生。

eBay 的购物者保护计划旨在保护购物者在 eBay 平台上的购物体验。如果买家未收到商品或商品与描述不符，可以向 eBay 提出纠纷，eBay 会进行调查，并在需要时提供退款或其他解决方案。

这些案例表明，跨境电子商务平台通过建立健全的纠纷解决机制、制定明确的政策以及提供双方保障的服务，能够有效地预防和处理纠纷，增强平台的可信度，促进良好的买卖关系。

一、纠纷概述

速卖通的纠纷指的是在速卖通平台交易的过程中所产生的纠纷，属于交易纠纷，即在交易过程中产生了误会或者一方刻意隐瞒，从而无法使交易满意完成。

买家在交易中提起的纠纷一般有两个大类，分别是未收到货物和收到货物与约定不符，这两大类又分别有不同的小类。未收到货物纠纷包括运单号无效、发错地址、物流途中、海关扣关、包裹退回等情况。收到货物与约定不符纠纷包括货物与描述不符、质量问题、货物破损、货物短装、销售假货等。

速卖通平台为了更好地规范市场，鼓励诚信经营、积极联系客户、持续解决客户问题、提供优质服务的卖家，将更多的资源提供给优质的卖家。速卖通对纠纷做了量化考核，推出三大指标：纠纷率、裁决提起率、卖家责任裁决率，并制定了相应的处罚措施。

（一）三大指标定义及计算方法

三大指标包括纠纷率、裁决提起率及卖家责任裁决率。

1. 纠纷率

定义：卖家填写发货单号后，当买家提交退款（dispute）申请，该订单即进入纠纷阶段。纠纷率指一定周期内买家提交退款的订单数与发货订单数之比。计算方法为

纠纷率=过去30天内［买家提交退款订单数-买家主动撤销退款的订单数］/过去30天内［买家确认收货+确认收货超时+买家提交退款的订单数］

2. 裁决提起率

定义：买卖双方对于买家提起的退款处理无法达成一致，最终提交至速卖通进行裁决（claim），该订单即进入纠纷裁决阶段。裁决提起率指一定周期内提交至平台进行裁决的订单数与发货订单数之比。计算方法为

裁决提起率=过去30天提交至平台进行裁决的纠纷订单数/过去30天［买家确认收货+确认收货超时+买家提交退款并解决+提交到速卖通进行裁决的订单数］

3. 卖家责任裁决率

定义：纠纷订单提交至速卖通进行裁决，速卖通会根据买卖双方责任进行一次性裁决。卖家责任裁决率指一定周期内提交至平台进行裁决且最终被判为卖家责任的订单数与发货订单数之比。计算方法为

卖家责任裁决率=过去30天提交至平台进行裁决且最终被裁定为卖家责任的纠纷订单数/过去30天［买家确认收货+确认收货超时+买家提交退款并解决+提交到速卖通进行裁决并裁决结束的订单数］

速卖通平台衡量纠纷考核主要是看这三大指标。并且卖家责任考核率已经纳入分级考核指标，成为影响店铺表现的关键指标，是值得重视的项目。速卖通系统会每天计算卖家店铺的这三大指标的数值，根据数值及时对卖家的店铺进行处罚更新。

（二）纠纷的影响

纠纷的影响

纠纷的影响主要体现在以下三个方面。

（1）影响买家的购物体验。主要体现在收到货物后，与描述不符、质量有问题、运单号查不到物流信息、长时间没有货物的跟踪信息。

（2）买家对卖家产生了怀疑。买家质疑卖家的产品从而可能对速卖通平台产生不信任。

（3）卖家交易受到影响。主要体现在客源的流失及回款周期延长。同时买家因为各种原因提起退款申请产生了纠纷，在交易过程中对平台的产品、卖家及对平台本身都会产生质疑，最终会使得卖家的客源流失。

速卖通平台通过对纠纷三大指标的考核，对产生纠纷较多的卖家采取处罚措施，最终

影响到卖家的交易回款周期，产生纠纷的订单暂时冻结，声誉受损和产品的排序下降。

二、纠纷的预防和解决

在跨境电子商务平台中，不管是大卖家还是新手卖家，纠纷问题都是大家的心痛之处。

（一）纠纷的预防

在跨境电子商务的操作和运营过程中，很多不必要的纠纷是可以预防的，甚至是完全可以避免的，只是很少有卖家严格按照预防机制去做。对于大多数卖家尤其是新手卖家，纠纷产生之前的一些预防机制完全可以减少纠纷的发生，降低店铺的纠纷率。与其更好地处理纠纷，不妨有效地避免纠纷。如何有效地预防纠纷，实际上还是有一些方法可选择的。

1. 在纠纷产生之前要严控产品的质量

（1）选品很重要。严格把控质量问题，对打造爆款利润款是很重要的。

（2）产品的标题和属性的设置要相符，标题和详情描述一定要与产品实物一致。

（3）属性栏要认真填写。很多新手卖家总是随意填写属性，这就很容易引起纠纷。

（4）图片处理避免误导买家。很多卖家喜欢在自己的产品图片上添加一些折扣的图标或者是促销的特殊符号，这种折扣活动的标识，平台会自动生成，除了自己品牌的 logo，建议大家在图片上不要添加任何产品信息之外的东西，避免误导买家。很多卖家处理图片的时候会过度地处理，以至于客户收到货后与图片相差甚远，如颜色差异很大，这样就很容易引起纠纷。

（5）产品尺寸、质量等的描述要准确。如果卖家卖的是服装类，虽然有尺寸模板，但是建议大家在详细描述下面把卖家产品的误差、测量的方法，还有图片显示的问题在产品详情界面里描述清楚。

2. 预防纠纷的服务模板要建好

（1）发货期，卖家可以根据自己的货代来设置模板，特别是一些特殊的国家（地区），可以把发货时间相对地延长。

（2）在物流和关税方面，物流模板肯定要设置好。至于关税的问题，卖家要根据买家所在国家（地区）的实际情况和买家客户沟通。因为有些国家（地区）的关税是要买家自己出的，这些问题卖家就要及时沟通。

3. 订单的问题要及时处理

（1）及时处理买家的订单留言及核对信息地址。

（2）在发货环节，除及时发货外，还要确保货物的包装完好，这里提醒卖家，最好自己保留发货的底单。可以拍照，当然也可以拍视频留底。

（3）随时跟踪物流，跟客户沟通，告知买家产品的物流信息。对于客户的及时沟通问题，有个时间差的问题，很多卖家对于这个很是头痛，不知道如何解决，经常第二天才能去处理卖家的订单留言及纠纷问题，这样就导致了时间的延误，也大大提高了纠纷率。可以选择一些手机 App 工具，就算晚上在家里也可以随时处理自己订单，这个对于新手卖家来说，是个很好的办法。

（二）纠纷的解决

跨境电子商务在店铺管理过程中，虽然卖家把预防纠纷贯穿于发货、物流和售后等整个运营管理环节，但有些时候还是无法做到完全避免纠纷。那么如果真的产生纠纷了，就要以积极的心态想办法解决纠纷，减少损失。可以参考以下几种遇到纠纷的解决方法。

（1）端正心态，保持解决纠纷的平常心。既然纠纷不可避免，卖家就要端正态度，以平和的心态去面对和看待纠纷，不要因害怕纠纷而选择逃避。

（2）将心比心。卖家要站在买家的角度考虑，出现问题想办法一起解决，而不只是考虑自己的利益。“己所不欲，勿施于人”，谁都不愿意无故承受损失，作为卖家，我们在一定的承受范围内能够尽量让买家减少损失，也能为自己赢得更多的机会。

（3）有效沟通，及时回应。买家有不满意时，马上做出回应，与买家进行友好协商。若是买家迟迟未收到货物，在卖家承受范围内可以给买家重新发送货物或其他替代方案；若是买家对货物质量或其他不满，与买家进行友好协商，提前考虑好解决方案。

和买家沟通时一定要注意沟通技巧，和买家沟通时注意买家心理的变化。当出现买家不满意时，尽量引导买家朝着能保留订单的方向走，同时也满足买家一些其他的需求；当出现退款时，尽量引导买家达成部分退款，避免全额退款退货。努力做到“尽管货物不能让买家满意，态度也要让买家无可挑剔”。

（4）保留证据。交易过程中的有效信息都能够保留下来，如果出现了纠纷，能够作为证据来帮助解决问题；交易过程中能够及时充分地举证，将相关信息提供给买家进行协商，或者提供给速卖通帮助裁决。

所以说纠纷并不可怕，只要卖家做好充分的准备，一切以买家满意为目标，一定能妥善解决买家的纠纷问题。

三、纠纷的提交和处理流程

在交易过程中，由于各种原因，有些纠纷是不可避免的。单击“退款 & 纠纷”，可以查看到所有相关的订单列表，卖家可以根据纠纷状态来选择订单。买家提起退款纠纷申请后，需要卖家的确认，卖家可以选择同意纠纷内容进入纠纷解决阶段，或者拒绝纠纷内容与买家进一步协商。

速卖通解决纠纷的方案是先让买卖双方协商解决，若无法达成一致，则可以提交至平台进行裁决，其流程如图 6-3 所示。

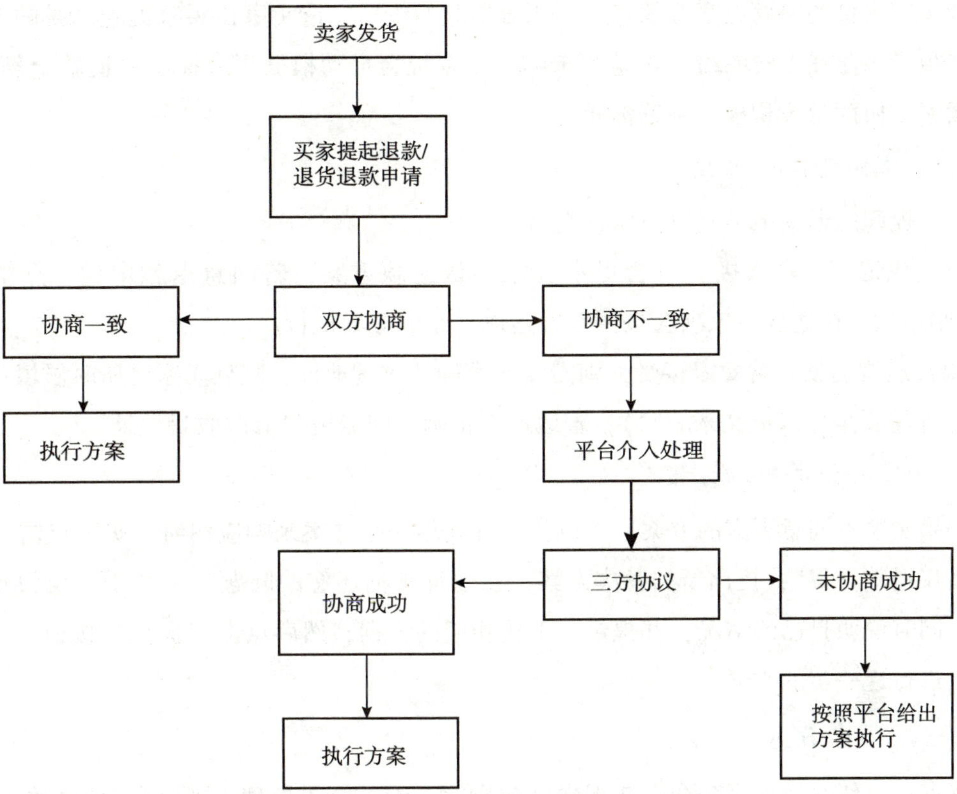

图 6-3 纠纷处理流程

（一）买家提起退款申请

买家因未收到货或者收到的货物与约定不符提交退款申请，纠纷就产生了。买家一般可以在卖家填写发货追踪号以后，根据不同的物流方式在不同的期限内提起退款申请。如商业快递（UPS/FedEx/DHL/TNT）一般是第 6～23 天，EMS/顺丰是在第 6～27 天，航空包裹发货是在第 6～39 天提起退款申请。

买家在订单的详情界面中，可以看到按键“Open Dispute”，点击该按钮就可以提交退款申请，当买家提交退款申请时纠纷即产生。提交后，买卖双方可以就退款申请进行协商解决，协商阶段平台不介入处理。

（二）买卖双方交易协商

买家提起退货/退款申请后，需要卖家对买家的纠纷做出回应，卖家可以在纠纷列表界面中看到所有的纠纷订单。快速筛选区域展示关键纠纷状态：“纠纷处理中”“买家已提交纠纷，等待您确认”“等待您确认收货”。对于卖家未响应过的纠纷，点击“同意/拒绝”按钮进入纠纷详情，进入纠纷详情界面，卖家可以看到买家提起纠纷的时间、原因、证据及买家提供的协商方案等信息。当买家提起纠纷后，请卖家在买家提起纠纷的5天内接受或拒绝买家提出的纠纷，若逾期未响应，系统会自动根据买家提出的退款金额执行。建议卖家在协商阶段积极与买家沟通。

1. 卖家同意协商方案

买家提起的退款申请有以下两种类型。

（1）仅退款：卖家接受时会提示卖家确认退款方案，若同意退款申请，点击“同意”，则退款协议达成，款项会按照双方达成一致的方案执行。

（2）退货退款：若卖家接受，则需要卖家确认收货地址，默认卖家注册时候填写的地址（地址需要全部以英文来填写），若地址不正确，则点击“修改收货地址”。

2. 卖家拒绝并新增方案

如果卖家不同意买家的方案，可以拒绝并新增一个方案来响应纠纷。卖家点击“拒绝并新增仅退款方案”，提出新的解决方案，在“详细描述您的问题”一栏中，反驳买家的说法，同时说明自己的情况，并提供、上传相应的证据，然后点击“提交”按钮，与买家就纠纷进行进一步的沟通。

（三）平台介入

买家提交纠纷后，平台会在7天内（包含第7天）介入处理。平台会参看案件情况及双方协商阶段提供的证明给出方案。买家、卖家在纠纷详情界面可以看到买家、卖家、平台三方的方案。纠纷处理过程中，纠纷原因、方案、举证均可随时独立修改（在案件结束之前，买家、卖家如果对自己之前提供的方案、证据等不满意，可以随时进行修改）。买家、卖家如果接受对方或者平台给出的方案，可以点击接受此方案，此时双方对同一个方案达成一致，纠纷处理完成。纠纷完成赔付状态中，买家、卖家不能够再协商。

（四）退货流程

如果卖家和买家达成退款又退货的协议之后，买家必须在10天内将货物发出（否则款项会打给卖家）。买家退货并填写退货运单号后，卖家有30天的确认收货时间，如果卖家未收到货物或对收到的货物不满，此时卖家可以直接将订单提交纠纷平台。纠纷部门会联系双方跟进处理（注：买家退货后，卖家需要在30天内确认收货或提起纠纷，逾期未操作则默认卖家收货，执行退款操作）。

如果买家已经退货，填写了退货单号，则需要等待卖家确认。卖家需在 30 天内确认收到退货，方法如下。

（1）如果确认收到退货，并同意退款，则点击“确定”按钮，速卖通会退款给买家，纠纷完成。

（2）如果卖家在接近 30 天的时间内没有收到退货，或收到的退货有问题，卖家可以点击“升级纠纷”提交至平台进行纠纷裁决。平台会在 2 个工作日内介入处理，卖家可以在纠纷界面查看状态及进行响应。平台裁决期间，卖家也可以点击“撤销仲裁”撤销纠纷裁决。

（3）如果 30 天内卖家未进行任何操作，即未确认收货，未提交纠纷裁决，系统会默认卖家已收到退货，自动退款给买家，纠纷结束。

知识拓展

不合理索赔纠纷的沟通方法

也许卖家在经营过程中会遇到这样的情况：有些买家情绪化、极端化，态度强硬，毫不妥协，可能理由不充分也要全额索赔，沟通过程中卖家可能还会受到言语攻击，甚至最后还可能收到差评。提出不合理要求的客户最后往往会带来 ODR 升高，对于这样不合理索赔的买家，该怎么做呢？

在有证据的情况下，平台纠纷判决也将是利于卖家的。首先，要尽量在站内进行沟通，留存双方对话的证据；其次，要尽量地澄清和解释；最后，要提供解决方案，安抚客户情绪。要妥善地沟通，与买家交流的过程中要选择适合的语言，找寻卖家与买家的情感共鸣，提供给买家明确的解决方案，包括赔付款条件等。

本章小结

本章通过对跨境电子商务订单处理与客户维护的全面解析，使读者深刻认识到这两个环节在跨境电子商务运营中的重要作用。通过本章的学习与实践，读者不仅掌握了跨境电子商务订单处理与客户维护的实用技能与方法，还学会了如何以客户需求为导向，持续优化业务流程与服务品质，推动企业的稳健发展。

课后思考

1. 通过本项目的学习，我懂得了以下几点。

（1）____

（2）______________________________

（3）______________________________

2. 我认为，管理交易评价的意义在于。

（1）______________________________

（2）______________________________

（3）______________________________

3. 为了预防跨境电子商务交易中的纠纷，我认为还可以从以下几方面做起。

（1）______________________________

（2）______________________________

（3）______________________________

第七章

跨境电子商务的支付

本章导读

在跨境电子商务的全球化交易中，支付环节是连接买卖双方的桥梁，其顺畅与否直接影响到交易的成败。本章将带读者深入探索跨境电子商务支付的奥秘，首先从跨境第三方支付的基本概念与重要性讲起，为读者揭示这一领域的关键要素与运作机制。其次将详细讲解收款账户的设置流程与注意事项，帮助读者快速搭建起安全、便捷的收款体系。最后，本章将聚焦于第三方平台账户的提现操作，指导您如何高效、合规地完成资金回笼。通过本章的学习，读者将全面掌握跨境电子商务支付的核心知识与实践技能，为学习跨境电子商务业务保驾护航。

学习目标

◎知识目标

1. 了解跨境支付的相关概念。
2. 了解常用的第三方支付平台的情况。
3. 了解 SWIFT Code 的基本情况。

◎技能目标

1. 掌握第三方跨境支付流程。
2. 掌握支付宝国际账户的设置及使用。
3. 掌握 PayPal 账户提现的方法。

◎素质目标

1. 提升学生对跨境电子商务支付的认知。
2. 增强学生对跨境电子商务支付的学习意识，拓展国际视野。

思政目标

跨境电子商务支付不仅涉及到商业利益，还涉及到社会责任、诚信、正义等价值观。通过跨境电子商务支付相关知识的学习，可以培养学生的诚信意识、遵守法律法规、风险防范意识、社会责任意识和创新发展意识。这些目标的实现将有助于推动全球贸易的健康发展。

第一节　跨境第三方支付概述

跨境第三方支付在促进国际贸易和跨境电子商务发展中扮演着重要的角色。

PayPal 是全球最知名的跨境支付平台之一。它提供了简便、安全的支付服务，支持多种货币，并且买家可以使用信用卡、借记卡或 PayPal 账户进行支付。PayPal 在全球范围内广泛被用于跨境电子商务交易，促进了全球商务的发展。

STRIPE 是一家总部位于美国的在线支付处理公司，其服务覆盖多个国家和地区。STRIPE 提供了简单易用的 API，方便商家接受各种支付方式，包括信用卡、支付宝、微信等，有助于加速全球市场上的支付流程。

我国的支付宝和微信支付是两个领先的第三方支付平台，为我国消费者提供了便捷的支付方式。许多跨境电子商务平台和线上商家已经整合了支付宝和微信支付，以吸引我国消费者。

这些案例突显了跨境第三方支付在促进全球贸易和电子商务发展中的关键作用。这些平台通过提供安全、便捷的支付服务，降低了买卖双方的交易风险，推动了国际贸易的发展。

一、跨境支付简介

通俗来讲，跨境支付就是我国境内消费者在网上购买境外商家产品或境外消费者购买境内商家产品时，由于币种的不一样，需要通过一定的结算工具和支付系统实现两个国家或地区之间的资金转换，最终完成交易。

跨境支付简介

（一）跨境支付的分类

跨境支付主要分为以下三种。

跨境转账汇款途径：第三方支付平台、商业银行和专业汇款公司。

境外线下消费途径：信用卡刷卡、借记卡刷卡、外币现金和人民币现金。

跨境网络消费途径：第三方支付平台、网银线上支付、信用卡在线支付、电子汇款、移动手机支付和固定电话支付。

（二）第三方支付系统

第三方支付系统是指具备一定实力和信誉保障的第三方独立机构，通过与网联对接而促成交易双方进行交易的网络支付模式。在通过第三方支付平台的交易中，买方选购产品后，使用第三方平台提供的账户进行货款支付，由第三方通知卖家货款到达、进行发货；买方检验物品后，就可以通知付款给卖家，第三方再将款项转至卖家账户。

（三）第三方支付系统的原理

第三方机构与各个主要银行之间签订有关协议，使得第三方机构与银行可以进行某种形式的数据交换和相关信息确认。这样第三方机构就能实现在持卡人或消费者与各个银行，以及最终的收款人或者是卖家之间建立一个支付的流程。

（四）非金融机构开展的外汇跨境支付业务

当前，非金融机构开展的外汇跨境支付业务主要是银行卡收单业务，该业务包括境外收单和外卡收单两个模式。

（1）境外收单业务是指非金融机构为境外网站代收由境内个人向境外支付的外汇货款。业务的基本流程是境内个人在境外网站按显示的外币报价购买产品后，向非金融机构支付对应的人民币金额货款，再由非金融机构的境内合作银行进行批量购汇并录入外汇局个人结售汇管理系统。境外商户在收到非金融机构发出的支付成功信息后，通过邮寄方式向境内居民发出产品。境内居民收到产品后，将向非金融机构发送清算指令。非金融机构按照与境外商户的结算约定，通过境内合作银行将外币货款向境外商户银行结算账户汇款，并完成跨境结算。

（2）外卡收单是指境内非金融机构代境内网站，收取境外个人向境内支付的外汇货款。业务流程大体是境外个人在境内网站购买产品后，通过与境内非金融机构合作的境外支付公司向境内非金融机构开立在境外的银行账户支付外汇货款（资金支付方式既可以是 Visa/MasterCard 等境外发行信用卡，也可以是 T/T 电汇）。境内非金融机构在确认收到外汇货款后，通知境内网站向境外个人发货。境外个人收到产品后，确认并指示境内非金融机构向境内网站划转货款。境内非金融机构的合作银行根据指令办理外汇资金的跨境结算，经结汇后，将人民币资金划转给境内网站。

二、第三方跨境支付流程

境内消费者在境外购物时，第三方跨境支付详细流程如下（图 7-1）。

（1）登录境外网购平台、选购产品（境内消费者登录境外网站选择要购买的产品或服务，并下订单）。

（2）产品信息（境外电子商务将消费者的订单即产品消息发送给第三方支付机构）。

（3）获取认证信息（第三方支付机构获取境内消费者认证信息）。

（4）输入认证信息，选择人民币支付，确认支付（境内消费者输入信息并选择支付方式）。

（5）支付信息（第三方支付机构将支付信息发给托管银行）。

（6）购汇付款信息（第三方支付机构接收托管银行的购汇付款信息）。

（7）购汇付款信息（境外电子商务收到第三方支付机构的购汇付款信息）。

（8）发送货物（向境内消费者发送产品和有关服务）。

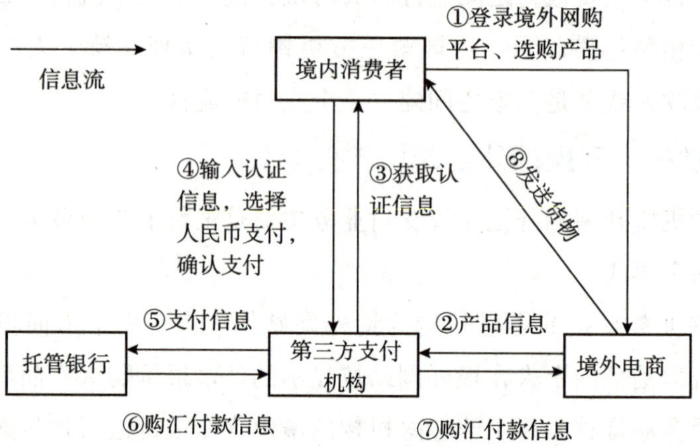

图 7-1　境外购物第三方跨境支付详细流程

以上过程看似烦琐，但所有信息通过网络传输与电脑识别，速度很快，购物者感觉不到具体的每个环节，体验较好。

三、人民币跨境支付系统

中国人民银行组织开发的独立的人民币跨境支付系统（cross-border interbank payment system，CIPS），进一步整合了现有人民币跨境支付结算渠道和资源，提高了跨境清算效率，满足了各主要时区的人民币业务发展需要，提高了交易的安全性，构建了公平的市场竞争环境。2015 年 10 月 8 日上午该系统上线运行后，标志着人民币境内支付和境外支付统筹兼顾的现代化支付体系取得重要进展。

（一）系统介绍

随着跨境人民币业务各项政策相继出台，跨境人民币业务规模不断扩大，人民币已成为我国第二大跨境支付货币和全球第四大支付货币。人民币跨境支付结算需求迅速增长，对金融基础设施的要求越来越高。

（二）建设目标

人民币跨境支付系统建设目标是保证支付安全、稳定、高效，支持各个方面人民币跨境使用的需求，包括人民币跨境贸易和投资的清算、境内金融市场的跨境货币资金清算及人民币与其他币种的同步收付业务。

CIPS 分两期建设：一期主要采用实时全额结算方式，为跨境贸易、跨境投融资和其他跨境人民币业务提供清算、结算服务；二期将采用更为节约流动性的混合结算方式，提高人民币跨境和离岸资金的清算、结算效率。

（三）具体功能

CIPS（一期）的主要功能是便利跨境人民币业务处理，支持跨境货物贸易和服务贸易结算、跨境直接投资、跨境融资和跨境个人汇款等业务。其主要特点为：①CIPS（一期）采用实时全额结算方式处理客户汇款和金融机构汇款两类业务。②各直接参与者一点接入，集中清算业务，缩短清算路径，提高清算效率。③采用国际通用《金融服务 金融业通用报文方案》（ISO 20022），采纳统一规范的中文四角码，支持中英文传输，在名称、地址、收费等栏位设置上更有利于人民币业务的自动处理。CIPS（一期）报文设计充分考虑了与现行 SWIFT MT（电汇）报文的转换要求，便于跨境业务直通处理并支持未来业务发展需求。④运行时间覆盖亚洲、欧洲、非洲、大洋洲等人民币业务主要时区。⑤为境内直接参与者提供专线接入方式。

（四）清算模式

现有人民币跨境清算模式主要包括清算行模式和代理行模式。清算行模式下，港澳清算行直接接入大额支付系统，其他清算行通过其总行或者母行接入大额支付系统，所有清算行以大额支付系统为依托完成跨境及离岸人民币清算服务。代理行模式下，境内代理行直接接入大额支付系统，境外参加行可在境内代理行开立人民币同业往来账户进行人民币跨境和离岸资金清算。

（五）相关制度

CIPS（一期）的制度主要包括：《人民币跨境支付系统业务暂行规则》《人民币跨境支付系统参与者服务协议》《人民币跨境支付系统业务操作指引》《人民币跨境支付系统运行规则》《人民币跨境支付系统技术规范》。

其中，《人民币跨境支付系统业务暂行规则》（银办发〔2015〕210 号）由人民银行制定并在其门户网站发布，主要规定参与者的加入条件、业务处理要求、账户管理要求等。经人民银行批复后，CIPS 运营机构制定并发布了《人民币跨境支付系统参与者服务协议》和《人民币跨境支付系统业务操作指引》。协议以法律文本的形式约定了 CIPS 运营机构和参与者的权利与义务，操作指引规定了主要业务流程及具体要求。后续，CIPS运营机构还发布了《人民币跨境支付系统运行规则》《人民币跨境支付系统技术规范》。

（六）运营机构

CIPS（一期）由跨境银行间支付清算（上海）有限责任公司负责运营，该机构为公司制企业法人（以下简称支付清算公司）。2015 年该公司在上海正式成立，全面负责 CIPS（一期）的系统运营维护、参与者服务、业务拓展等各方面工作。CIPS（一期）上线后，支付清算公司将按照市场需求，逐步完善 CIPS 各项功能，强化内部管理，提高 CIPS 清算效率和竞争力。2018 年 5 月 2 日，CIPS（二期）全面投产，支持全球的支付与金融市场业务，满足全球用户的人民币业务需求。未来，支付清算公司还将加强与国际其他清算组织和金融基础设施运营机构的沟通与合作，努力拓展国际（地区间）市场。此外，为更好地运营 CIPS，支付清算公司将视需要考虑增资扩股，选择适当时机改制为股份有限公司。

该公司接受人民银行的监督和管理，人民银行已经制定和发布了《人民币跨境支付系统运营机构监督管理办法》（银发〔2015〕290 号），对经营范围、业务运营等做出了规定。

（七）参与机构

首批参与者共有 19 家，分别为：工商银行、农业银行、中国银行、建设银行、交通银行、华夏银行、民生银行、招商银行、兴业银行、平安银行、浦发银行、汇丰银行（中国）、花旗银行（中国）、渣打银行（中国）、星展银行（中国）、德意志银行（中国）、法国巴黎银行（中国）、澳大利亚和新西兰银行（中国）和东亚银行（中国）。

这 19 家参与者是人民银行根据商业银行的参与意愿，结合境内各银行跨境和离岸人民币业务量、技术开发能力和外资银行国别地域分布情况等，经过技术检验统筹确定的。2015 年 6—9 月，人民银行先后组织了模拟运行、技术验收和业务验收，检验首批参与机构的技术与业务能力是否具备投产上线的条件，确定 19 家首批参与者于 10 月 8 日上线。

2018 年 3 月 26 日，CIPS 系统（二期）成功投产试运行，工商银行、农业银行、中国银行、建设银行、交通银行、兴业银行、汇丰银行（中国）、花旗银行（中国）、渣打银行（中国）、德意志银行（中国）共 10 家直接参与者同步上线。2018 年 5 月 2 日，CIPS 系统（二期）全面投产，符合要求的直接参与者同步上线。

截至 2023 年 11 月末，CIPS 系统共有 1 482 家参与者，其中，直接参与者 129 家，包括 121 家银行、8 家境内外金融市场基础设施，间接参与者 1 353 家。从实际业务发生情况看，CIPS 系统业务实际可覆盖全球 182 个国家和地区的 4 400 余家法人银行机构。

（八）跨境支付与人民币跨境支付的不同

跨境支付是以外币结算，人民币跨境支付则是以人民币结算，这样省去了币种兑换步骤，缩短了支付周期，以前要十几天才能完成整个付款流程，而现在只需要 T+3 日内，同时也避免了货币汇兑的汇差损失。跨境支付试点牌照是国家外汇管理局颁发的，而人民币跨境支付许可则是央行颁发的。

人民币跨境支付有利于跨境商户的拓展及简化支付结算流程。境内买家通过境内支付机构接入境外商户购物，无须再为个人结售汇等手续困扰，可直接使用人民币购买境外商家的产品或服务，便捷操作将吸引更多用户购买境外商户的产品和服务。

四、常用的第三方支付平台

目前中国常用的第三方支付产品主要有 PayPal（贝宝）、支付宝（Alipay）、财付通（Tenpay）、盛付通（Shengpay）、易宝支付（Yeepay）、快钱（99bill）、国付宝（Gopay）、百付宝、物流宝、网易宝、网银在线（Chinabank）、环迅支付（ips）、汇付天下（Ad-pay）、汇聚支付（Joinpay）、宝付。其中用户数量最大的是 PayPal 和支付宝，前者主要在欧美国家流行，后者是阿里巴巴旗下产品，主要为我国用户所使用。

（一）PayPal 支付

PayPal 是 eBay 旗下的一家公司，也是全球最大的在线支付平台。目前，全球有 200 多个国家（地区）在使用 PayPal，是境外用户最常用的在线支付方式，可以随时随地付款，促成交易。目前，在跨境交易中，超过 90%的卖家和超过 85%的买家认可并正在使用 PayPal 电子支付业务。

1. PayPal（中国）

（1）PayPal（中国）与 PayPal 全球支付平台相连，可在 200 多个国家和地区进行交易（图 7-2）。

图 7-2　PayPal 中国首页界面图

（2）接受包括美元、加元、欧元、英镑、澳元和日元等 26 种货币的付款。

（3）使用国际信用卡，可在支持 PayPal 的网站上消费。

（4）只有在接收付款时需要付费。

2. PayPal 的使用方法

有了 PayPal，卖家就可以通过网络付款和收款——即时支付，即时到账。PayPal 全中文的操作界面，能通过我国的本地银行轻松提现，为卖家解决外贸支付难题。

卖家注册 PayPal 后就可使用 PayPal 余额或信用卡在线向任何拥有电子邮件地址的人支付款项。卖家可以在网上购物时选择用 PayPal 结账，或使用 PayPal 从全球 200 多个国家和地区接收款项。

3. 使用 PayPal 付款

（1）在全球网上店铺购物时，选择用 PayPal 结账。或使用 PayPal 在世界上 203 个国家和地区进行付款。

（2）使用 PayPal 余额、信用卡或银行账户安全付款。收款人收到付款，但看不到您的信用卡或银行账户。

（3）卖家或收款人可以将 PayPal 账户中的资金提取到银行账户或信用卡上。他们也可以使用 PayPal 余额进行在线付款。

4. 使用 PayPal 收款

使用 eBay 销售时选择 PayPal 作为支付方式，或将 PayPal 集成在卖家的网站上，卖家就能通过 PayPal 账户接收全球买家的付款。卖家可以通过转账至我国内地或香港银行账户的方式从 PayPal 账户提取资金，或选择将余额保留在 PayPal 账户，作为网上购物和支付的资金。

5. PayPal 在线付款方式的主要优点

（1）针对买家用户的优点

① 安全——PayPal 保证信息的安全。卖家可以在线付款，而不用将银行卡或银行账户的详细信息透露给他人。

② 快速——使用 PayPal，用户就可以立即向有电子邮件账户的任何人付款。

③ 方便/轻松——注册 PayPal 非常快捷，而且一旦成为用户，就可以与全球范围内多个市场（包括美国、英国和其他亚洲及欧洲市场）的卖家进行交易。

（2）针对卖家用户的优点

① 安全——客户的财务信息不会透露给其他任何人。PayPal 使用最先进的商用加密技术保护交易方的数据，这些技术正是一流的全球性银行［如瑞士信贷第一波士顿银行（CSFB）、花旗银行（Citibank）、汇丰银行（HSBC）］所使用的。

② 快速——无论买家身在何处，付款都会立刻汇入卖家的 PayPal 余额。

③ 方便——卖家可以使用 PayPal 各种工具管理交易并提高效率。

6. PayPal 支付的步骤

（1）只要有一个电子邮件地址，付款人就可以登录开设 PayPal 账户，通过验证成为其用户，并提供信用卡或者相关银行资料，增加账户金额，将一定数额的款项从其开户时登记的账户（例如信用卡）转移至 PayPal 账户下。

（2）当付款人启动向第三人付款程序时，必须先进入 PayPal 账户，指定特定的汇出金额，并提供收款人的电子邮件账户给 PayPal。

（3）接着 PayPal 向商家或者收款人发出电子邮件，通知其有等待领取或转账的款项。

（4）如商家或者收款人也是 PayPal 用户，其决定接受后，付款人所指定之款项将立即转给收款人。

（5）若商家或者收款人没有 PayPal 账户，收款人得依 PayPal 电子邮件内容指示进入网页注册取得一个 PayPal 账户，收款人可以选择将取得的款项转换成支票寄到指定的处所、转入其个人的信用卡账户或者转入另一银行账户。

7. PayPal 账户分类

PayPal 账户分为个人账户、高级账户和企业账户，用户可根据实际情况进行注册，个人账户可以升级为高级账户再而升级为企业账户，反之企业账户也可以降为高级账户或者个人账户。

（1）个人账户

个人账户适用于在线购物的买家用户。主要用于付款。可以收款，但比起高级或企业账户少了一些商家必备的功能和特点，如查看历史交易记录的多种筛选功能、商家费率、网站集成、快速结账等集成工具，因此不建议卖家选择。

（2）高级账户

高级账户适用于在线购物或在线销售的个人商户。可以付款、收款，并可享受商家费率。使用网站付款标准，快速结账等集成工具及集中付款功能，帮助商家拓展境外销售渠道，提升销售额，推荐进行跨境交易的个人卖家使用。

（3）企业账户

企业账户适用于以企业或团体名义经营的商家，特别是使用公司银行账户提现的商家用户。拥有高级账户的所有商家功能，可以设立多个子账户，适合大型商家使用，每个部门设立子账户进行收款。另外。企业账户需要添加企业名称开办的电汇银行账户进行转账，添加个人名字开办的电汇银行账户可能导致转账失败。

（二）支付宝

支付宝（中国）网络技术有限公司是国内领先的独立第三方支付平台，由阿里巴巴集团创办。支付宝（http：//www. alipay. com）致力于为我国电子商务提供“简单、安全、快速”的在线支付解决方案。

支付宝公司从 2004 年建立开始，始终以“信任”作为产品和服务的核心。不仅从产品上确保用户在线支付的安全，同时让用户通过支付宝在网络间建立起相互的信任，为建立纯净的互联网环境迈出了非常有意义的一步。

支付宝提出的建立信任，化繁为简，以技术的创新带动信用体系完善的理念，深得人心。短短时间内，用户覆盖了整个 C2C、B2C 及 B2B 领域。支付宝创新的产品技术、独特的理念及庞大的用户群吸引越来越多的互联网商家主动选择支付宝作为其在线支付体系。

1. 支付宝流程简介

要成为支付宝的用户，与 PayPal 的流程很相似，必须经过注册流程，用户须有一个私人的电子邮件地址，以便作为在支付宝的账户，然后填写个人的真实信息（也可以公司的名义注册），包括姓名和身份证号码。在接受支付宝设定的“支付宝服务协议”后，支付宝会发送电子邮件至用户提供的邮件地址，然后用户在点击了邮件中的一个激活链接后，便激活了支付宝账户，可以通过支付宝进行下一步的网上支付步骤。同时，用户必须将其支付宝账户绑定一个实际的银行账户或者信用卡账户，与支付宝账户相对应，以便完成实际的资金支付流程。

2. 支付宝处理方式

第一种方式：买卖双方达成付款意向后，由买方将款项划至在支付宝账户（其实是支付宝在相对银行的账户），支付宝发电子邮件通知卖家发货，卖家发货给买家，买家收货后通知支付宝，支付宝于是将买方先前划来的款项从买家的虚拟账户中划至卖家在支付宝账户。

第二种方式：即支付宝的即时支付功能，“即时到账交易（直接付款）”，交易双方可以不经过确认收货和发货，买家通过支付宝立即发起付款给卖家。支付宝发给卖家电子邮件（由买家提供），在邮件中告知卖家买家通过支付宝发给其一定数额的款项。如果卖家这时不是支付宝的用户，那么卖家要通过注册流程成为支付宝的用户后才能取得货款。有一点需要说明，支付宝提供的这种即时支付服务不限于淘宝和其他的网上交易平台，而且还适用于买卖双方达成的其他的线下交易。从某种意义上说，如果实际上没有交易发生（即双方不是交易的买卖方），也可以通过支付宝向任何一个人进行支付。

3. 支付宝国际账户

针对跨境电子商务业务，支付宝推出了国际账户，这也是我们需要重点介绍的内容。支付宝国际账户 Escrow 是支付宝为从事跨境交易的境内卖家建立的资金账户管理平台，包括交易的收款、退款、提现等主要功能。支付宝国际账户是多币种账户，包含美元账户和人民币账户。目前只有速卖通与阿里巴巴国际站会员才能使用。

Escrow 系统上线后，提现功能较之前有了一些改变，用户提现不再限制在 100 笔交易金额之内，而是可根据自身需要对账户中“可提现金额”做全部或者部分提现，大大降低了用户的提现成本。

知识拓展

国际支付宝使用小技巧

当前境内个人结汇美元金额是有额度限制的，为每人每年 5 万美元。因此在国际支付宝设置美元提现账户时我们可以多设置几个不同自然人的银行账户，而不是同一个人的不同银行账户，这样当提现金额超过 5 万美元时就可以提现到不同自然人的账户中，同时不会受到结汇的限制。

第二节　收款账户的设置

跨境电子商务的收款账户设置是确保支付顺利进行、避免货币转换问题的关键步骤。

PayPal 是一个广泛用于跨境电子商务的支付工具。卖家可以使用 PayPal 账户或关联银行账户，接受多种货币的在线付款。PayPal 的平台支持多语言和多币种，为卖家提供了灵活的跨境支付解决方案。

支付宝国际账户提供了方便的跨境支付解决方案，允许用户在全球范围内进行跨境交易。在支付宝国际账户中，用户可以选择设置不同的收款账户。这可能包括银行账户、支付宝账户或其他的支付方式，具体选择取决于用户的需求和目标。

这些案例强调了跨境电子商务收款账户设置的多样性和灵活性。选择适当的支付解决方案需要考虑到目标市场、货币种类、支付方式和交易量等多个因素。成功的设置应该既方便用户支付，又降低卖家的运营成本。

下面以支付宝国际账户为例，详解收款账户设置的一般步骤和注意事项。

一、激活支付宝国际账户

如果已经拥有了支付宝境内账户，无须再另外申请 Escrow 账户，只要是速卖通的用户，就可以直接登录“MyAlibaba”后台或“我的速卖通”后台，绑定支付宝境内账户即可。

如果还没有支付宝境内账户，可以先登录支付宝网站申请支付宝境内账户，再绑定即可。

激活支付宝国际账户流程如下。

（1）访问 Alipay 系统。用户通过登录“我的速卖通”—“交易”—“支付宝国际账户”或 MyAlibaba 中的“资金账户管理”功能可访问支付宝国际账户系统。

（2）设置支付密码，激活支付宝国际账户会员身份。如果是初次访问支付宝国际账户系统，用户需要激活支付宝国际账户。

（3）在系统里点击“现在激活”按钮，系统显示创建支付密码界面，用户需要输入支付密码。为了让账户更加安全，防止密码被盗，建议用户不要设置相同的支付密码和登录密码。

（4）用户输入支付密码后，点击“确认”按钮，系统会检验用户是否之前在阿里巴巴网站已经绑定过手机号码。如果已经绑定过，则此时需要进行手机验证。系统会发送验证码到用户绑定的手机，用户输入正确的验证码后确认提交，即可成功激活支付宝国际账户。注意手机验证码的有效期是 30 分钟。

（5）如果用户之前没有在阿里巴巴网站上绑定过手机，则系统会引导用户到阿里巴巴网站进行手机绑定操作，绑定完成后再进行手机验证。

二、修改支付宝国际账户支付密码

修改支付宝国际账户支付密码流程如下。

（1）用户可以到“安全设置”—“修改国际支付宝密码”中修改支付密码。

（2）重置密码

① 用户如果忘记支付密码，可以通过“重置国际支付宝密码”功能重设支付密码。

② 提交重设支付密码请求后，用户需要通过手机获取验证码验证。系统会发送验证码到用户绑定的手机，用户输入正确的验证码后确认提交，即可进入重设密码界面重新设置密码。注意手机验证码的有效期是 30 分钟。

③ 输入新密码后点击确认，新密码设置成功。注意密码需要字母和数字的组合，位数为 6~20 位。

三、查询账户信息

用户查询账户信息方式如下。

（1）用户登录 Alipay 系统，在首页（我的账户）即可查询账户信息，包括人民币账户、美元账户下的资金信息（可提现金额和冻结金额），提现银行账户信息，以及用户最近的活动记录。

（2）未设置提现银行账户信息的用户，无法进行提现操作。

第三节　第三方平台账户提现

跨境电子商务第三方平台账户提现是卖家将销售收入转移到其本地银行账户的过程。

PayPal 为卖家提供了方便的提现服务。卖家可以将其 PayPal 账户中的资金提现到其关联的本地银行账户。提现通常在数天内完成，具体时间取决于买家所在国家和地区的银行体系。

支付宝国际账户提现是指卖家将其在支付宝账户中的余额提取到其本地银行账户的过程。卖家首先需要登录其支付宝国际账户。这可以通过支付宝的官方网站或移动应用完成。在进行提现之前，支付宝通常会要求用户进行身份验证，以确保账户安全。这可能包括输入密码、短信验证码或其他验证步骤。此后，卖家还需要经历一系列其他步骤。

需要注意的是，提现过程中可能涉及到一些费用，例如提现手续费和可能的汇率损失。卖家在进行提现之前应该详细了解相关的费用信息。

本节主要介绍 PayPal 和支付宝国际账户两大主流平台的提现，PayPal 账户只能提取美元，而支付宝可以提取美元和人民币。在提现之前我们需要关联一张银行卡，关联银行卡时最为重要的就是银行国际代码（SWIFT Code），下面介绍 SWIFT Code 的具体内容。

一、关于 SWIFT Code

SWIFT Code 是由 SWIFT 协会提出并被 ISO 通过的银行识别代码，凡该协会的成员银行都有自己特定的 SWIFT 代码。在电汇时，汇出行按照收款行的 SWIFT Code 发送付款电文，就可将款项汇至收款行。该号相当于各个银行的身份证号。其原名是 BIC（Bank Identifier Code），但是 BIC 这个名字意思太泛，担心有人理解成别的银行识别代码系统，故渐渐大家约定俗成地把 BIC 叫作 SWIFT Code 了。SWIFT 环球银行间金融通信协会，是一个由金融机构共同拥有的私营股份公司，按比利时的法律登记注册，由会员银行和其他金融机构协同管理。

SWIFT Code 一般用于发电汇，信用证电报，每个银行都有，用于快速处理银行间电报往来。像工商银行和农业银行这样的大银行，也会对自己内部的分支机构分配后缀不同的 SWIFT Code。

这样的话，如果你的银行是知名银行，如中国银行，那么对方银行可以通过查阅 SWIFT 代码表来找到相对应的代码。当然你的收款银行主动提供该代码可以减少错误的发生概率。

二、PayPal 账户提现

（一）设置提现银行账户

用户可以从“账户首页”界面左下方，点击关联银行账户或卡，“国家或地区”选择“中国”—“电汇”，然后依次填写“银行名称”“SWIFT 代码”“账户”“银行账户开户名”等必填项，后面的电话等可以选填，也可以不填。填写完毕后，点击“Link Your Bank”按钮，确认信息即可。

（二）PayPal 账户提现

（1）用户可以在系统“账户首页”界面左侧，点击提现，输入需要提现的金额后点击继续即可。PayPal 账户只能提取美元，其他形式的币种可以先换算成美元后再提现，提现每次手续费 35 美元，金额不能少于 150 美元。一般需要 3~7 个工作日到账。

（2）其他币种兑换成美元。用户可以从“账户首页”界面上方，点击“钱包”“详细信息”—“管理币种”。选择需要兑换的币种类型，从“英镑”到“美元”或者是其他币种到美元，输入要兑换的金额，点击计算系统，则会根据当天的汇率计算出你能兑换美元的金额。最后点击继续确认即可。

知识拓展

提现小技巧

PayPal 账户的提现手续费相比其他第三方平台是较高的，因此提现的金额较小时（一般小于 3 000 美元），可以借助第三方结算平台，如连连支付等，通过该平台提现的费用是总金额的 0.7%，而且是结汇后人民币打入提现账户。这样既可以避免支付过高的手续费，又避免了个人结汇超过 5 万美元的限制，为资金需要紧迫，要进行小额多次提现的卖家提供了渠道。

三、支付宝国际账户提现

（一）设置提现银行账户

（1）用户可以从“我的账户”界面中，从人民币或美元账户信息中的设置银行账户入口到达设置银行账户功能界面。

（2）用户可以在此添加美元或人民币账户提现银行账户。

用户可以设置三个美元账户提现银行账户，美元账户提现银行账户需要区分是个人账户还是公司账户。人民币账户直接关联速卖通账户相对应的支付宝账户即可。

① 若为公司账户，所有信息请不要使用中文填写，否则将引起放款失败，从而产生重复的放款手续费损失。

◆设置的公司账户必须是美元账户或是能接收美元的外币账户。

◆在中国内地开设的公司账户必须有进出口权才能接收美元并结汇。

◆使用公司账户收款的订单，必须办理正式报关手续，才能顺利结汇。

② 若为个人账户，除开户名（中文）外的其他信息请不要使用中文填写，否则将引起放款失败，从而产生重复的放款手续费损失；客户创建的个人账户必须能接收境外银行（新加坡花旗银行）并且是公司对个人的美元的打款，开设个人的美元账户的具体信息请咨询相关银行；收汇没有限制，个人账户年提款总额可以超过 5 万美元（注意：结汇需符合外汇管制条例，每人每年为 5 万美元的结汇限额）。

③ 选择账户后，依次选择“开户地区”“账户类型”，填写“账户名（拼音）”“Swift Code”“银行账户”等信息。填写完毕后，点击“下一步”按钮，确认信息即可。

（二）支付宝国际账户提现

1. 人民币账户提现

（1）用户可以在“我的账户”界面右侧的人民币账户下点击蓝色提现按钮。在弹出的对话框中输入需要提现的人民币金额，然后点击“下一步”。人民币账户的提现不需要手续费，其实手续费在结算的时候平台已经收取。

（2）系统会发送验证信息到您绑定的手机上，输入验证码和支付宝国际账户密码，就可以确认提现了。1~3 个工作日内资金会打到您的支付宝账户中。

2. 美元账户提现

（1）用户可以在“我的账户”界面左侧的美元账户下点击蓝色提现按钮。在弹出的对话框中输入需要提现的美元金额，后点击“下一步”。美元账户的提现需要每笔 15 美元的手续费。

（2）系统会发送验证信息到您绑定的手机上，输入验证码和支付宝国际账户密码，就可以确认提现了。7 个工作日内资金会打到用户关联的银行卡中，不同的银行用时不同，如工商银行 3~5 个工作日可以到账。

知识拓展

支付宝国际账户买家使用小技巧

支付宝国际账户为用户提供了便捷的跨境支付和金融服务。以下是一些使用支付宝国际账户的小技巧。

（1）设置主货币：在支付宝设置中，选择您希望的主货币。这有助于更方便地管理交易和余额，尤其是在跨境交易中。

（2）绑定银行卡和信用卡：将银行卡或信用卡与支付宝账户绑定，以便可以更便捷地进行充值、提现和支付。

（3）了解汇率工具：利用支付宝提供的实时汇率工具，以便在进行跨境交易时了解最新的货币兑换率。

（4）支付时选择正确的支付方式：在进行支付时，选择合适的支付方式，可以是余额、银行卡、信用卡等，根据实际情况选择最经济和方便的方式。

（5）使用电子钱包功能：利用支付宝提供的电子钱包功能，可以更轻松地管理和追踪交易记录和余额。

(6) 了解实时优惠和活动：定期查看支付宝国际账户的实时优惠和活动，可能有一些折扣、返现或其他福利。

(7) 安全设置：设置强密码，并开启支付宝的双重验证功能，以提高账户的安全性。定期检查账户活动，确保没有未经授权的交易。

(8) 使用扫码支付：在支持支付宝的商户处，利用扫码支付功能进行支付。这是一种快速且方便的支付方式。

(9) 添加常用联系人：将经常进行交易的联系人添加到支付宝的常用联系人列表中，以便更快速地完成转账和支付。

(10) 及时更新应用：定期更新支付宝应用程序，以确保您能够享受最新的功能和安全补丁。

(11) 了解服务费用：在进行跨境交易时，了解相关的服务费用和汇率差异，以便更好地规划资金使用。

(12) 妥善保管账户信息：不要随意泄露账户信息，保护个人隐私和财务安全。

这些小技巧可以帮助更好地利用支付宝国际账户，确保安全、方便地进行跨境支付和其他金融活动。

本章小结

本章通过对跨境电子商务支付的深入剖析，使读者全面了解了跨境第三方支付的基本概念、重要性及其在跨境电子商务业务中的核心地位。通过本章的学习与实践，读者不仅掌握了跨境电子商务支付的核心知识与实践技能，还学会了如何根据市场变化与业务需求，灵活调整支付策略，提升交易效率与资金安全性。

课后思考

1. 通过本章的学习，我懂得了以下几点。

(1) ______________________________

(2) ______________________________

(3) ______________________________

2. 通过第二节的学习，我对支付宝国际账户有以下几方面的新认识。

(1) ______________________________

(2) ______________________________

（3）____

3. 我对 PayPal 的理解有以下几点。

（1）____

（2）____

（3）____

第八章

跨境电子商务的函电业务

本章导读

跨境电子商务的函电业务是连接买卖双方的沟通桥梁，不仅是文字的传递，更是商业信息、谈判策略与情感交流的载体。本章将全面揭开跨境电子商务函电业务的神秘面纱，从函电的基本概念与重要性讲起，逐步深入到前期客户联络、咨询与回复、订单与合同处理、客户维护以及其他相关事宜等各个环节。通过本章的学习，读者将掌握跨境电子商务函电写作的基本技巧与规范，了解如何通过有效的函电沟通促进交易的达成，同时学习如何运用函电工具维护客户关系、处理各种业务问题。这将为读者在跨境电子商务领域的沟通与合作提供有力支持。

学习目标

◎知识目标

1. 了解跨境电子商务函电的特点及重要性。
2. 了解跨境电子商务函电的格式分类。
3. 了解跨境电子商务函电的写作原则。

◎技能目标

1. 掌握开发信的写作技巧。
2. 掌握询盘与回复函电的写作技巧。
3. 掌握订单与合同函电的写作技巧。
4. 掌握客户维护函电的写作技巧。
5. 掌握商务报告、销售信、代理信函、招聘广告的写作技巧。

◎素质目标

1. 提升学生对跨境电子商务函电业务的认知。

2. 增强学生对跨境电子商务函电业务的学习和研究意识，提高自身综合素养。

思政目标

在跨境电子商务的运营过程中，函电业务是买卖双方进行沟通、解决交易问题的重要手段。通过相关知识和技能的学习，不仅能提高学生的从业水平，还能引导学生树立正确的职业观念，增强职业道德意识，提高职业素养水平，为跨境电子商务函电业务的可持续发展提供有力保障。

第一节　跨境电子商务函电概述

随着全球化的加速和互联网的普及，跨境电子商务已经成为全球贸易的重要组成部分。跨境电子商务函电作为跨境电子商务交流的主要方式，对于促进贸易的顺利进行具有重要的作用。

一、跨境电子商务函电的重要性

跨境电子商务函电是跨境电子商务交易中不可或缺的一部分。在交易过程中，双方需要通过函电进行沟通，了解彼此的需求、条件和交易细节。函电的准确性和及时性对于交易的顺利进行至关重要。如果沟通不畅或信息传递不及时，可能会导致交易失败或产生纠纷。

二、跨境电子商务函电的特点

跨境电子商务函电的特点

（一）语言多样性

跨境电子商务涉及不同国家和地区的语言，因此函电需要使用多种语言进行沟通。这要求跨境电子商务从业者具备跨文化交流的能力，能够理解和适应不同语言的文化背景。不过，总体来说，目前大部分跨境电子商务主要使用英语进行交流。

（二）法规复杂性

不同国家和地区的贸易法规和政策存在差异，跨境电子商务函电需要遵守相关法规和政策，确保交易的合法性和规范性。

（三）信息准确性

跨境电子商务函电需要准确传递交易信息，包括产品描述、价格、交货时间等。这要求双方在沟通时保持清晰、准确的表达，避免产生误解或歧义。

（四）时效性要求高

跨境电子商务交易通常需要在短时间内完成，因此函电需要及时传递信息，确保交易的顺利进行。

三、跨境电子商务函电格式分类及写作原则

（一）跨境电子商务函电格式分类

跨境电子商务函电主要包括外贸信函、电子邮件、传真。

1. 外贸信函组成和书写格式

（1）外贸信函的写法

寄信人的姓名与地址：信封的左上角。

收信人的姓名与地址：信封的右下角或信封中间。

若信是由他人转交的，就要写转交人的姓名与地址。

如由 Mike John 先生转交给 Bob Smith，则在收信人姓名下写上 C/o Mike John（C/o = Care of），即

Bob Smith

C/o Mike John

英文的姓名和地址的书写顺序是：姓名、地址。

Stamp

Sender's name and address

Receiver's name and address

地址的书写顺序应是从小到大：公司名称、门牌、街道、城市、州/省及邮政编码、国家。

For example, if a letter is sent from Nanjing Feixiang Knitwear Co., Ltd. to T&F Imp. & Exp. Co., Ltd., the envelope might be given like this:

Nanjing Feixiang Knitwear Co., Ltd.

109 Zhongshan Road

Nanjing, Jiangsu, China

T&F Imp. & Exp. Co., Ltd.

148 West Street, Barcelona

Spain

（2）外贸信函的主要组成部分

① 信头（Letterhead）

信头位于信纸的最上方的中间位置，包含这家公司的必要信息，通常包括公司名称、公司地址、邮政编码、公司电话和传真、公司的 E-mail 等。例如：

Jiangsu Jinxiu Cashmere Co., Ltd.

89 Qianrong Road	Tel.: 0510-83271000
Huishan District	Fax: 0510-83271000
Wuxi, 214000	E-mail: jinxiu818@hotmail.com
Jiangsu, China	Website: http://www.chinacashmere.com.cn

② 日期（Date）

书写日期时，要记住以下几点。

●日期的书写顺序一般有两种方式。

美式写法：先写月份，然后是日期，最后是年份，如：December 12, 2023。

英式写法：先写日期，然后是月份，最后是年份，如：12 December, 2023。

●书写月份时，建议使用英语全拼。如果要使用缩略式，请记得一定加缩略符。例如：Aug. 15, 2023。

●年份前一定要加逗号。

●日期既可以使用基数词表达，也可以使用序数词表达。如：Aug. 15th, 2023。

③ 信内地址（Inside Address）

信内名称和地址是指收信人的姓名和地址，通常包括收信人的姓名及其职务、公司名称、公司地址等信息。例如：

Mr. Bob Bush, Director

M&H Engineering Co., Ltd.

152 Levin Avenue

Toronto, M2B4Z6

Canada

④ 称呼（Salutation）

外贸信函中，常见的称呼是“Dear Sir or Madam”，如果收信人是公司或部门，则称呼为“Dear Sirs”，或者“Dear Madams”。

如果知道收件人的姓名，则应该按照下面的要求来称呼收信人。

Dear Mr. 用于男士姓氏前。

Dear Mrs. 用于已婚女士姓氏前。

Dear Miss 用于未婚女士姓氏前。

Dear Ms. 用于婚姻状况不明的女士姓氏前。

谨记：称呼后面一律使用逗号“,”。

⑤ 主题栏（Subject Line）

主题栏位于称呼下方，使收信人对函电的主题和内容一目了然，也便于收信人处理业务。例如：

Dear Sir or Madam,

Subject：China Import & Export Commodities Fair

也可以使用拉丁字母“RE”表示主题，RE 的意思为 Reply。例如：

Dear Sir or Madam,

RE：Women's Cashmere Sweaters

⑥ 正文（Body of the Letter）

正文是外贸信函中最重要的部分，传递了写信人的观点、看法、愿望等。所以，写信人应该认真仔细规划正文的篇章结构，使之逻辑清晰，文字通顺准确，用语符合规范。

⑦ 结束语（Complimentary Close）

结束语通常位于正文下方间隔一行或两行处，只有第一个字母大写，且结束语后面必须使用逗号。例如“Sincerely”“Yours sincerely”“Sincerely yours”“Yours truly”“Truly yours”“Yours faithfully”“Faithfully yours”“Yours cordially”“Cordially yours”“Best regards”, etc.

⑧ 签名（Signature）

签名位于结束语下面，一般由以下内容组成：公司名称、写信人的手写签名、写信人的打印签名、写信人的公司职务。例如：

China National Machinery Imp. & Exp. Corp.

(Signature)

Wang Yong

Sales Manager

（3）外贸信函的选择性组成部分

① 发文编号栏（Reference Line）

发文编号是为了方便往来书信的存档和查阅，位于日期的上方或与日期平齐靠左的位置。发文编号没有固定的格式，常见的是以写信人名字的首字母或所在部门代号构成。一般书写为：你方编号（Your Ref.）或我方编号（Our Ref.）。如果写信人是 Henry Bush，并且是他打印的，收信人是 Tom Smith，并写了回信，则发文编号为：

Your Ref.：HB/hb

Our Ref.：TS/ts

② 注意事项栏（Attention Line）

如果信内地址没有提及收信人的姓名，那么我们就可以使用注意事项栏来指出收件人的姓名，所以这部分也经常被视作信内地址的一部分。注意事项栏位于信内地址下方第二行处，称呼的上方，经常加下划线以引起收信人注意。注意事项栏中，通常会使用缩略形式“Attn.”或“ATTN.”，例如：

Attn.：Miss Guo

③ 附件（Enclosure）

如果信封内除了信函之外还有其他文件，则需要附件说明，其位置一般位于签名下方空一行处。如果附件只有一份，则书写为：

Encl.：Price list

如果附件不止一份，则要加上编码，以方便收信人识别。例如：

Enclosures：2

1. Quotation

2. B/L

④ 抄送（Carbon Copy Notation）

如果写信人需要同时把这封信交给收信人之外的其他相关人员或单位过目，则可以在附件的下方书写“CC”，即 Carbon Copy 的缩写形式，然后打上相关人员或单位的名称。例如：

CC：the People's Insurance Company of China

CC：Sales Manager

⑤ 附言（Postscript）

附言用来表示这封信的补充内容，通常比较简短，应该慎用。附言一般位于抄送的下方第二行处，经常缩写为 P. S.，例如：

P. S.：The samples will be sent to you tomorrow.

（4）外贸信函主要格式

① 齐头式（full block form）

From；Richardli-cz@hotmail.com

Sent：Saturday，May 25，2024，09：40 AM

To：Alfred07@gmail.com

Subject：A quotation

Attachment: Latest Catalogue and Price list

Dear Sirs,

Women's Skirts

Thank you for your enquiry in your letter of May 15 for our Women's Skirts.

We are now sending you the latest quotation for your selection. We also send our latest illustrated catalogue by air, and we are sure that you will be satisfied with the attractive designs and the reasonable prices.

On orders of 500 pieces and more, we will allow a special discount of 4%.

We are also manufacturing various kinds of men's and kids' clothes and have enclosed a brochure of our latest products for your reference. We sincerely hope that some of them might meet your needs and taste.

Please feel free to contact us if we can be of any further help, and we look forward to your prompt reply.

Best regards,

Richard Li

Sales manager

Shanghai Baiyun Knitwear Co., Ltd.

② 缩进式 (indented form)

Changzhou Baiyun Knitwear Co., Ltd.

Shanghai Baiyun Knitwear Co., Ltd.

302 Hutai Road

Shanghai, 200070, China

Tel.: 021-87654321

Fax: 021-98765432

E-mail: Richardli-cz@hotmail.com

May 25, 2024

May Flower Imp. & Exp. Co., Ltd.

148 West Street, Barcelona

Spain

Dear Sirs,

Women's Skirts

Thank you for your enquiry in your letter of May 15 for our Women's skirts.

We are now sending you the latest quotation for your selection. We also send our latest illustrated catalogue by air, and we are sure that you will be satisfied with the attractive designs and the reasonable prices.

On orders of 500 pieces and more, we will allow a special discount of 4%, and we are looking forward to hearing from you soon.

Yours faithfully,

Richard Li

Sales manager

2. 电子邮件组成和书写格式

(1) 信头

电子邮件信头通常包括以下几部分。

主题（Subject）：信件的主要内容概括。

日期：发出信件的时间，电子邮件的写信时间由系统自动生成，精确到分钟。

发件人（From）：通常是写信人的邮箱地址。

收件人（To）：通常是收信人的邮箱。

抄送（CC）：如果发件人需要同时把这封信交给收件人之外的其他相关人员查阅，则可以使用这一功能，这些人之间的邮箱之间要加上分号。

添加密送（BCC）：如果发件人同时要把这封邮件发给收信人之外的相关人员，并且又不想让收件人知道发给了谁，就可以使用添加密送功能。

附件（Attachments）：如果发件人要随函附上相关的文件，则可以使用附件功能。

To: overseastrade99@ yahoo. com

cc:

BCC:

Subject: Interested in Importing China Silk Goods

(2) 正文

电子邮件正文通常包括：称呼、信件内容、结束语。

Dear Sirs or Madams,

We have learned from our Chambers of Commerce in Vancouver that you are interested in importing China Silk Piece Goods. As this item falls within the scope of our business activities, we shall be pleased to enter direct business relations with you at an early date.

In order to give you a general idea of the products now available for export, we send you a copy of our latest catalogue and price list. Quotations and sample books will be airmailed to you upon receipt of your specific inquiry.

We are looking forward to your early reply.

(3) 签名

Yours faithfully,

Li Sha

Manager Assistant

Jiangsu Jinxiu Cashmere Co., Ltd.

89 Qianrong Road

Huishan District

Wuxi, Jiangsu, 214000

China

Tel.: +86-510-8327-1000

Fax: +86-510-8327-1000

http: //www. chinacashmere. com. cn

3. 传真组成和书写格式

(1) 信头

传真信头包括：发件人公司名称，发件人地址、邮编，发件人联系方式，收件人姓名，发件人姓名，日期，传真编号，传真的文件页数，发文编号，经办人栏，事由。

(2) 正文

传真正文包括：称呼、信件内容、结束语、签名。

Shenzhen Wanda I/E Co., Ltd.

1002 Shenchang Road, 518000

Shenzhen, China

Tel.: 0086-755-25923576

Fax: 0086-755-25940078

Fax No.: 001-852-39318755

Date: August 25, 2014

To: Kowin Co., Ltd.	From: Li Ming
Attn.: John Smith	Page (s): 01
Our Ref.: 130	Your Ref.: 253
Subject: Our Order	

Dear Mr. Smith,

Enclosed is our Purchase Order No. WH082514 for mutton and beef. Please note the following points:

1. the total value is USD 42, 568;

2. delivery should be made by September 11, 2014.

Please contact me if you have any questions about this order.

Yours faithfully,

Li Ming

（二）跨境电子商务写作原则

跨境电子商务函电写作原则可归纳为 7C 原则，具体如下。

（1）礼貌（Courtesy）：体现了对读者的尊重，也是建立良好商业关系的基础。在函电中使用适当的敬语和感谢语，可以展现出发件人的专业素养和良好态度。

（2）体贴（Consideration）：要求发件人在撰写函电时充分考虑读者的立场和需求，尽量站在对方的角度思考问题。这有助于建立和维护良好的商业关系，促进双方的合作和共赢。

（3）内容完整（Completeness）：要求函电包含所有必要的信息，以便读者能够完全理解函电的意图和内容。这包括明确的主题、详细的背景信息、具体的请求或建议等。

（4）表达清晰（Clarity）：要求函电的表达方式简洁明了，避免使用模糊或含糊不清的语言。这有助于确保读者能够迅速理解函电的核心内容。

（5）内容简洁（Conciseness）：强调在保持信息完整和清晰的同时，尽量使用简短、精炼的语言。这有助于提高函电的可读性和效率。

（6）具体（Concreteness）：要求函电提供具体的细节和实例，以便读者更好地理解和执行函电的要求或建议。这有助于增强函电的说服力和可执行性。

（7）正确，准确（Correctness）：要求函电在语法、拼写和标点等方面都准确无误。这不仅可以提升函电的专业形象，还有助于避免因语言错误而导致的误解或纠纷。

知识拓展

如何提高跨境电子商务函电的质量

1. 提高语言能力

跨境电子商务从业者需要不断提高自己的语言能力，包括英语、法语、德语等。同时，还需要了解不同国家和地区的文化背景和语言习惯，以便更好地进行跨文化交流。

2. 遵守法规和政策

跨境电子商务从业者需要了解相关国家和地区的贸易法规和政策，确保交易的合法性和规范性。同时，还需要遵守国际法和国际惯例，维护双方的合法权益。

3. 保持信息准确性

在跨境电子商务函电中，双方需要保持清晰、准确的表达，避免产生误解或歧义。同时，还需要对交易信息进行仔细核对和确认，确保信息的准确性。

4. 提高时效性

跨境电子商务从业者需要提高函电的时效性，及时传递信息并跟进交易进展。同时，还需要建立高效的沟通渠道和机制，以便在出现问题时能够及时解决。

总之，跨境电子商务函电是促进跨境电子商务交易顺利进行的重要手段之一。为了提高跨境电子商务函电的质量和效率，需要不断提高自己的语言能力、遵守法规和政策、保持信息准确性以及提高时效性。只有这样，才能更好地满足客户需求并促进跨境电子商务的发展。

第二节　前期客户联络

一、开发信是前期客户联络的主要形式

在跨境电子商务领域，前期客户联络主要是通过开发信的形式展开的。开发信是外贸业务员把公司的产品、服务、优势等通过邮件、信函发送给潜在的国外客户，希望建立业务合作关系。潜在客户在收到邮件、信函后，如有意向，则会与外贸员进行进一步的沟通、谈判，最终确立购买合同。

开发信主要起到以下几个方面的作用：宣传产品和企业、递进式营销、丰富企业产品线、提高企业知名度、提升外贸企业竞争力。

二、开发信的写作

（一）开发信的基本结构

开发信应包含标题、正文及签名。

1. 标题

标题是介绍信函主要内容并能吸引顾客的一个短语。

2. 正文

（1）问候并简要介绍你是如何获得该公司的名称。

（2）介绍自己公司的产品和优势（特别是产品质量、产地证书、研发能力等）。

（3）简要介绍你自己的公司并说明你可以提供或需要的产品。

（4）关于公司的信用状况。

（5）结束语（提前对客户的关注表示感谢并邀请他们参观公司）。

3. 签名

（1）发件人（Sender）。

（2）公司名称和地址（The Company's Name and Address）。

（3）电话和传真号码（Phone and Fax Number）。

（4）电子邮件地址（E-mail）。

（5）公司网址（Company's Website）。

（6）照片（公司或团队或个人）[Photos（The Company or Your Team or Yourself）]。

（二）开发信写作的注意事项

开发信写作时应注意以下几个方面。

1. 标题

（1）了解不同国家客户的特点。

欧洲客户喜欢简单明了、主题明确的标题，可以采用“产品+用途”作为标题。

E. g. Christmas Plush Toys for Baby.

印度、东南亚的客人对价格比较敏感，就可以直接在标题中加入便宜、折扣等字样。

E. g. Great Sale for Christmas Toys; Cheap Price of Washing Machine for industry.

（2）如果知道对方的名字，可将名字直接加入标题，因为人们普遍对自己的名字比较敏感。

E. g. To Mary...

（3）在标题中加入 RE，让人感觉你仅仅是在回复对方的邮件，表示对客户的重视（此点对欧美客户慎用）。

（4）如果与大公司合作过，可以在标题中写上我们是某公司的供货商。

（5）通过观察客户网站上的一些标语，适当地节选一些放入标题，这样会使顾客立刻产生一种熟悉感。

2. 正文

正文写作过程中，一定要突出自身的优势，避免人云亦云，千篇一律。突出自身的优势有以下几种方式。

(1) 先礼貌地打个招呼，然后介绍你是谁，来自哪个公司，公司有什么新品或热销品推出。

(2) 产品的质量：切忌笼统地描述产品的质量有多好，而应该重点介绍产品的质量为什么好。例如，公司产品已经通过了什么认证；公司的厂房条件如何；用的原材料是什么知名品牌；是否进口；环保达到什么标准等。

(3) 可提供的服务：比如除了成品，还可以给客户提供原始设计商（ODM）、原始设备制造商（OEM）、定制（Customization）等。

(4) 研发情况：有自己的研发团队，研发经费投入情况，新产品研发周期，人员定期培训学习等。

(5) 描述价格：不要一味地强调价格低，而要突出产品的性价比高（reasonable price、fair price、competitive price）。

(6) 介绍已合作的客户：和哪些客户有合作，尤其是和哪些大客户有合作。

3. 签名

签名可以附加本人的头像、电话、公司网址、Skype、WeChat 等内容。

E. g.

Alice

RAINBOW Toy Co. , Ltd.

WeChat：Molly123

Mobile：+86-18953241232

Skype：+86-18953241232

E-mail：Alice@ RainbowToy. com

Website：www. RainhowToy. com. cn

(三) 开发信的典型表达

1. 信息来源

我们很高兴从……处获得贵公司的名称。

We are very pleased to obtain your name from…

我们从……处得知贵公司的名称和地址。

We have your name and address from…

由……推荐，我们得知……

On the recommendation of Mr. ×××, we know that…

我们参观了你们在……的展台，希望和你方在……领域建立业务关系。

We visited your stand/booth at…and hope to establish business relations with you in the field of…

我们写信是希望与你方建立业务关系。

We write to you in the hope that we can establish business relations with you.

2. 介绍公司的主营产品和优势

我们的产品品质高、价格合理。

Our products are of good quality and reasonable price.

我们可以提供定牌生产，并且可根据客户的要求或样品设计玩具。

We can offer OEM and design toys according to clients, requirements or samples.

从 2009 年起，我公司已通过《质量管理体系要求》（ISO 9001），而且我们所有的产品都有 CE 证书。

Since 2009, we have passed ISO 9001, and all our products have CE certificate.

3. 公司的自我介绍

我们是……公司，专营……

We are a…corporation, specializing in…

我们经营……

Our business line is…

我们主营……

We are in the market of…

……属于我方经营范围

…falls within our business scope…

我们已经从事……多年。

We have been engaged for many years in the line of…

4. 具体的要求

如果你方能寄……的样品给我们的话，我们将不胜感激。

We will appreciate it if you could send us samples of…

如果你方对这些产品中任何一种感兴趣的话，请立即告诉我们。

If you're interested in any type of these items, please don't hesitate to tell us…

如果你方能提供……我们将非常感激。

We'll be glad if you could give us…

5. 表达期望

期盼你方早日回信。

We are looking forward to your early reply…

等待你方的好消息。

We are awaiting your favorable news…

知识拓展

如何写好一封开发信

假设你是南京纺织品进出口公司出口部的经理 Brighten，（Nanjing Textiles Import & Export Corporation；Address：77 Yunnan Road，Nanjing，210000，Jiangsu，China；Tel.：86-25-12345678；Fax：86-25-23456789；E-mail：Brighten@ Nantex. com）。最近，你通过阿里巴巴网站了解到美国汉森公司的情况（G Hanson & Co.，Ltd.；Address：78 South Street，New York，USA；Tel.：86-36-12345；Fax：86-36-67890；E-mail：BlackJones@ GHC. com），得知对方公司是中国纺织品的主要经销商。现在，请致函该公司销售部经理 Black Jones 先生，试图与该公司建立业务关系。

注意信中应包含以下内容。

（1）我们通过阿里巴巴国际站得知了对方公司的名称和地址。

（2）得知对方公司是美国进口中国纺织品的主要经销商，希望与对方公司建立业务关系。

（3）本公司是一家专营各类纺织品进口业务的股份制集团，是中国纺织品的主要供货商。

（4）产品价格合理，85%的产品均出自自营工厂，对品质的控制有保证。

（5）公司的资信情况请咨询中国银行江苏分行。

（6）结束语。

三、开发客户的主要渠道

跨境电子商务开发客户主要有以下四种渠道。

（一）通过 B2B 平台

B2B 平台有阿里巴巴、敦煌网、环球资源等，如下所示。

http：//www. alibaba. com

http：//www. dhgate. com

http：//www. globalsources. com

http：//www. ecplaza. net

http：//www. allproducts. com

http：//www. made-in-china. com

（二）利用国际知名搜索引擎网站进行搜索

Google（美国）：https：//www. google. com

Bing Search（美国）：https：//www. bing. com

Yandex（俄罗斯）：https：//www. yandex. ru

Apali（西班牙）：https：//www. apali. com

Cari（马来西亚）：https：//www. cari. com. my

Eniro（瑞典）：https：//www. eniro. se

Search Engine（英国）：https：//www. searchengine. com

Hit-Parade（法国）：https：//www. hit-parade. com

Yabba（德国）：https：//www. yabba. com

（三）通过展会网站

在展会网站上经常可以看到参展商的名单、联系方式及网址等资料。

常用的展会网站有：

https：//www. koreanexpo. com. cn/（韩国）

http：//www. pcta. org. ph/（菲律宾）

https：//www. astra. org. au/（澳大利亚）

https：//www. ncta. com/（美国）

https：//www. hugedomains. com/index. cfm（印度）

http：//www. cstb. ru/（俄罗斯）

（四）通过政府官方组织或知名商会组织

（1）中华人民共和国商务部网站：http：//www. mofcom. gov. cn。

（2）中华人民共和国商务部世界买家网：http：//win. mofcom. gov. cn。

（3）进出口协会或者商会（到各个国家和地区的进出口协会网站上搜索）。

（4）行业巨头渠道（行业分销商的公司网站）。

知识拓展

开发信标题的书写技巧

1. 开发信标题要求

标题直接决定开发信的效果，要求简洁、通俗、尽量有名有姓，避免人云亦云，通过新颖的措辞或创意吸引客户的注意力，激发看信的兴趣。另外，标题要具有一定或相当的鼓动性。

2. 开发信标题参考

Manufacture of…products（热销产品或客户感兴趣的产品）

…products from China（主营产品或客户感兴趣的产品）

…products from…company

…products for…industry

Serve high quality…products

Quotation about…products for…company

3. 尽量避免的标题

Establishing Business Relations（过于千篇一律，缺乏重点，易被退回）

How are you? Or：How is your Business going?（问候性的标题，不知所云）

Do you want…product? Or：Are you interested in…product?

Good supplier/manufacturer/company from China

Good quality of…products made in China

Seeking business cooperation（显得太迫切）

第三节 咨询与回复

一、咨询

（一）询盘

询盘又称询价，指交易一方为购买或出售某种商品，向对方询问买卖该商品的有关交易条件。其内容可繁可简，可只询问价格，也可询问其他有关的交易条件，如规格、品质、数量、包装、装运以及索取样品等，以引起对方发盘，目的是试探对方交易的诚意并了解其对交易条件的意见。

询盘对买卖双方均无约束力，接受询盘的一方可给予答复，亦可不做回答。但询盘作为交易磋商的起点，在商业习惯上，收到询盘的一方应迅速做出答复。

1. 询盘的形式

询盘可采用口头或书面的形式，如电话、聊天工具、电子邮件、传真等。

2. 询盘的分类

（1）买方询盘

买方询盘是买方主动咨询所需购买的货物的函电。在实际业务中，询盘一般多由买方向卖方发出。

（2）卖方询盘

卖方询盘是卖方向买方发出的征询其购买意见的函电。卖方对国外客户发出询盘大多是在市场处于动荡变化及供求关系反常的情况下，用以探听市场虚实，选择成交时机，主动寻找有利的交易条件。

（二）询盘信的常用结构

询盘信的常用结构包含标题、正文、签名。

1. 正文

（1）向收信人介绍你的信息来源和你的公司。

（2）说明你写信的意图。

（3）解释你想要收信人做什么。

（4）具体描述你想要的商品或说明其规格。

（5）表达早收到回信的愿望。

2. 签名

（1）发信人。

（2）发信人职务。

（3）公司名称和地址。

（4）电话、传真号码。

（5）电子邮件。

（6）公司网址。

（三）询盘信写作的注意事项

1. 询盘注意事项

（1）对多数大路货商品，应同时向不同地区、国家和厂商分别询盘，以了解国际市场行情，争取最佳贸易条件。

（2）对规格复杂或品目繁多的商品，不仅要询问价格，而且要求对方告知详细规格、数量等，以免往返磋商、浪费时间。

（3）对垄断性较强的商品，可列出较多品种，要求对方一一报价，以防对方趁机抬价。

（4）询盘对发出人虽无法律约束力，但要尽量避免询盘而无购买诚意的做法，否则容易丧失信誉。

2. 询盘是否必需

询盘不是每笔交易必需的程序，如交易双方彼此都了解情况，不需要向对方探询成交条件或交易的可能性，则不必使用询盘，可直接向对方发盘或下订单。

3. 询盘的法律效力

在实际业务中，询盘只是探寻买或卖的可能性，所以不具备法律上的约束力，询盘的一方对能否达成协议不负有任何责任。由于询盘不具有法律效力，所以可作为与对方的试探性接触，询盘人可以同时向若干个交易对象发出询盘。但合同订立后，询盘的内容成为磋商文件中不可分割的部分，若发生争议，也可作为处理争议的依据。

知识拓展

询盘小贴士

1. 询盘的主要来源

询盘的主要来源如下。

（1）Internet（B2B，Search Engine）

（2）Trade Fairs

（3）Advertisements

（4）Yellow Pages

（5）Trade Association

（6）Friends'Recommendation

2. 如何判断询盘的真假及价值

第一，查看发件人的 IP，方法：右键单击收到的邮件，选择属性中的详细信息，在里面会看到 IP 地址，然后查询 IP 所属的区域。

第二，如果你的网站有计数器，同时可以参考一下计数器里面的 IP 记录，看看是不是有这个 IP 浏览过你的网站；一般来说用国外代理服务器上国内工厂的网站比较困难，所以一般国内的是用真实 IP 上你的网站，发送邮件的时候可能会用代理服务器。用计数器还有一个好处，就是可以知道浏览你网页的人是通过什么地方知道你的，是单击 B2B 网站上面的链接还是直接输入你的网站地址？如果是直接输入地址，那就要想想他是怎么知道地址的。

第三，查看客户发来邮件的时间，根据时差判断客户发送邮件的时间，比如早上八九点从德国 IP 发送过来的邮件基本有问题。

第四，查看客户在邮件里面是否留了详细的联系资料，如果有网址、详细电话、传真地址等，一般比较可信，对于资料不全的，可以问问客户的联系资料，猜测有问题的，可以发送传真或者电话询问一下。打电话给客户会让客户觉得你比较重视他，哪怕只是说明一下收到了他的询盘，都有利无害。

第五，分析客户询盘的内容，如果内容包含具体的规格、详细的要求，这类客户比较有价值，如果只是笼统地要样本、价格单什么的，基本没有意义，至少短期内没有什么价值。可根据下表判断客户类型及价值，从而筛选出重点客户进行跟进。

表 8-1　询盘价值判断维度表

客户类型	询盘内容	目标产品	专业程度	其他特点
有意采购	详细	非常明确	很专业	问题详细，邮件简明扼要
潜在客户	详细	不明显	有些较专业，有些刚入行，不专业	对方有经营经验，但对你的产品还不够了解。有的是新手，有许多具体问题还需解决
索要样品	不详细	较明确	不专业	多来自印度、中东、非洲等地区
收集信息	不详细	不明显	较专业	往往是竞争对手的刺探
无明确目标	极不详细	极不明确	不明显	贸易平台转发，一般一开口就是 price list

3. 各国常用电子邮箱

印度：@ rediff. com；@ vsnl. com

美国：@ gmail. com；@ Hotmail. com；@ yahoo. com

英国：@ ntlworld. com；@ freenet. co. uk

澳大利亚：@ bigpond. net. au

日本：@ candel. co. jp

二、回复

（一）询盘回复函正文常用结构

1. Thank for the inquiry and briefly state the content of the inquiry.

2. Reply to the inquiry.

3. Raise your hope.

（二）询盘回复注意事项

如何回复客户的询盘问题，从表面上看，是一个比较简单的问题，其实是一个很深的问题，也是所有从事外贸工作的人需要思考的问题，对有经验的外贸人也不例外，因为这关系到能否抓住客户、能否发展这个客户的问题。首要原则是及时回复，即使无货，也不要置之不理或简单说“无货”了事，要采取积极主动的态度，礼貌、得体地做出回复，以留住任何一个潜在客户。除此之外，还有一些技巧需要注意。

1. 分析客户

收到询盘时，除了高兴和激动外，第一件事是要分析客户及客户所在行业、国家的市场。在数据库里查找，确认是否是老客户或新客户；找到客户的网站、邮箱，分析客户的需求量及意向价格；通过领英、Facebook、Skype、WhatsApp、Instagram、Twitter、Pinterest 等搜索客户和客户的工作资料，了解该客户的活跃度，从而估算该客户对己方产品的需求量等。

2. 询盘较多时

（1）及时回复最重要：工作忙不过来，没有及时回复，认为反正询盘多，拖几天也不要紧，这样很可能会失去成交机会及此客户。

（2）真实报价：针对询盘多的情况，在报价时，就会产生多报一点不要紧的想法，因为报少了吃亏的是自己，报多了还可以还价，有时就是这多报一点的想法，导致失去一些机会。

（3）重视每一个客户：真正做到对大小客户、新老客户、远近客户等都平等对待。

三、询盘与回复的典型表达

（一）表达对其商品感兴趣

我们对你方的罐头感兴趣，希望能够提供目录给我方。

We take interest in your canned goods and wish to have the catalogues.

我们对各种尺寸的自行车有兴趣，请寄给我们一份带插图的目录，包括价格及支付条件的细节。

We are interested in bicycles in various sizes and please send us a copy of your illustrated catalogue with details of the prices and terms of payments.

我们想要购买大量核桃。

We are in the market for a large quantity of Walnuts.

我们想要你方的冻兔的最低报价。

We are desirous of your lowest quotation for frozen rabbit.

（二）询价

我的一个客户询购 100 箱红茶。

A client of mine inquires for 100 cases of Black Tea.

一旦收到你方目录，我方即刻询购感兴趣的商品。

Upon receipt of your catalogue, we'll make an enquiry for the items which are of interest to us.

我们收到一份供应 50 吨化肥的询盘。

We have an enquiry for 50 tons of chemical fertilizer.

我方欲购彩色电视，请报 26 和 32 英寸的熊猫牌彩色电视的最低价。

As we are in the market for color TV sets, we should be pleased if you would send us your best quotations for Panda Brand color TV sets of 26 and 32 inches.

请告知我们你方供应铁钉的条件。

Please inform us on what terms you can supply iron nails.

我们在《中国对外贸易》杂志上看到你们的广告，敬请告知有关床单和枕套的详细情况。

We have seen your advertisement in *China's Foreign Trade* and shall be glad if you will send us particulars of bed sheets and pillowcases.

（三）回复

现答复贵方 2023 年 10 月 8 日的询盘。

This is in reply to your enquiry of Oct. 8th，2023.

很高兴收到贵方 2023 年 5 月 26 日的询盘，并感谢你们对我方产品的兴趣。

We welcome your enquiry of May 26th，2023 and thank you for your interest in our products.

谢谢贵方对我们……（某商品）的询价。

We thank you for your enquiry for our…

附寄数份产品目录以供你方研究。

We attach some copies of our catalogues for your study.

第四节　订单与合同

一、订单与合同的基本概念

跨境电子商务函电的订单与合同确保交易双方权益，明确交易条款，促进贸易流程顺利进行，为跨境电子商务交易提供法律保障。

（一）订单

订单是发给卖方，要其按协定的条件提供一定数量商品的请求。通常在买卖双方经过发盘、还盘等一系列协商，完全同意对方的交易条件之后，由买方发送给卖方正式订单。

订购函可以使用表格形式，如订单、购货确认书或者购货合同，也可以是商务信函。订货时，内容必须准确、清楚、礼貌，对于重要的交易条款必须做出明确规定。

卖方收到订单后通常会确认收悉。如明确表示接受订单，并按规定出货，则交易完成，双方订立合同，遵照合同执行。当然，订单被接受之后，双方也可能直接按订单规定的条件继续开展下一步行动，如付款、交货等，此时订单即起到合同的作用，因此此类订单内容必须完整，条款必须完备，如保险、违约惩罚等条款都要考虑在内且清楚表述。

另外，订单并不是都会被接受。由于种种原因，如货物储备不足、原材料短缺、价格变动、生产能力不足、相关法律法规变动等，卖方有时可能会拒绝订单。此时，卖方写信时必须非常小心，一定要给出充分合理的拒绝理由，并要注意措辞和对该订单的处理方式，不至于影响将来的业务关系。

（二）合同

合同即规定各方当事人权利与义务的正式协议，可以是口头的，也可以是书面的，但一般买卖中均使用书面形式。合同一经签署生效，即具有法律效力，任何一方违反合同而致另一方损失，需依法进行赔偿。

在国际贸易中，常用的书面合同形式有合同（Contract）、确认书（Confirmation）、协议（Agreement）、备忘录（Memorandum）。在我国的进出口贸易中，书面合同主要采用以下两种形式。

（1）一种是条款较完备、内容较全面的正式合同，如进口合同或购货合同（Import Contract/Purchase Contract），出口合同或销售合同（Export Contract/Sales Contract）。其内容比较全面、完整，除商品的名称、规格、数量（重量）、价格、付款方式、交货期、包装、装运港、目的港、运输标识、商品检验等条件外，还有异议索赔、仲裁、不可抗力等条件，多适用于大宗商品或成交金额较大的交易。

（2）另一种是较为简单的简式合同，称作销售确认书（Sales Confirmation）或购货确认书（Purchase Confirmation）。其包括的条款较销售或购货合同简单，是一种简式合同，适用于金额不大、批数较多的交易或者已签有代理、包销等长期协议的交易。

合同或销售确认书一般由卖方拟定，经双方签字后生效。

二、订单与合同的函电表达

（一）订单合同函电的常用结构

订单合同函电主要包括订购函、确认定购函或拒绝定购函、销售合同。

1. 订购函的常用结构

（1）表达下单的意愿或说明随函附上订单。

（2）确认主要交易条件如：品名、货号、规格等；数量；包装；船期与目的港；单价、总价、价格术语；支付条件等。

知识拓展

假设你是美国汉森公司业务员 Jean（G Hanson & Co., Ltd.; Address: 78 South Street, New York, USA; Tel.: 86-36-12345; Fax: 86-36-67890; E-mail: Jean@GHC.com），经过询价和验证样品后，对上海环球贸易有限公司销售的女式运动装感到

满意，现致函其业务员 Mary（Universal Trading Co.，Ltd.；Address：131 Dongfang Road，Shanghai，200 000，China；Tel.；86-21-12345678；Fax：86-21-23456789；E-mail：Mary-universal@ tom. com），告知下单意图并详述订单内容与条件。

写作要点如下。

（1）收到其发盘及样品，对价格与质量均感到满意，愿意下单。

（2）详细说明所订购产品的名称、货号、数量、尺寸、颜色、包装要求等，并说明其他条款按照对方报价单。

（3）期待产品大卖，以后能向对方再下更大的订单。

2. 确认订购函的基本结构

（1）对所收到的订单表示感谢。

（2）重申交易条件。

（3）如有必要，附上销售确认书。

（4）向买方保证你将照单发货，并对此单高度关注。

（5）期盼对方再下订单或继续合作。

3. 拒绝订购函的基本结构

（1）对所收到的订单表示感谢。

（2）对于对方对你产品的兴趣表示感激，同时对不能接受对方订单表示遗憾并解释原因。

（3）如有合适的替代品或其他选择可给出建议。

（4）表达对将来业务合作的愿望。

4. 销售合同的基本结构

（1）导言［The Preamble（Opening）］

合同编号（Number of the Contract）。

签约日期（Date of Signing）。

签约地点（Place of Signing）。

当事方（Each Party's Authority）。

前言（Preface）。

（2）正文（限定性条款、基本条款和一般条款）［The Body（Definition Clauses，Basic Conditions and General Terms）］

① 一般条款（General Terms and Conditions）

货物名称（规格、货号等）［Name of the Commodity（Specification，Article No.，etc.）］。

质量条款（Quality）。

数量条款（Quantity）。

价格条款（单价、总价）［Price（Unit Price as well as Total Amount）］。

包装条款（Packing）。

装运和交货条款（Shipment and Delivery）。

支付条款（Payment）。

② 其他规定（Other Stipulations）

保险条款（Insurance）。

检验条款（Inspection）。

要求提供的单据（Documents Required）。

索赔条款（Claim）。

合约开始与结束的规定条款（Commencement and Termination）。

惩罚条款（Penalty）。

仲裁条款（Arbitration）。

不可抗力条款（Force Majeure）。

适用法律条款（Applicable Law）。

其他条款（Miscellaneous）。

（3）合同结尾［The Witness（Ending）］

结尾句（Concluding Sentences）。

签名（Signature）。

盖章（Seal）。

（二）订单合同写作的注意事项

1. 订购函写作的注意事项

（1）订单必须标注编号，订单编号在后续的相关信函、各种单证、发票上都要进行标注，非常重要。

（2）对要求订购的货物的描述要明确、具体，如品名、尺寸、颜色、货号、数量等，以免卖方发错货。

（3）写数字时，注意用来分开整数与小数，如 USD 15.99；用“，”分割千位以上数字，如 1，500.00 pcs.，USD 1，000，000.00 等。

（4）除了价格、包装、支付、保险、船期等条款，还要注意写明双方事前协商好的条款，如有迟交货物或质量低劣等情况时的惩罚条款。

（5）大多数公司会使用印制订单，这样的订单有一定规制，包括数量、货号、价格等栏目，一是便于填写，节省时间；二是便于将来核对，不易有疏漏。

2. 拒绝信写作的注意事项

（1）拒绝订单时，除非因对方信誉不良，无意与其交易，一般来说，还是想要维持对方对自己产品的兴趣，因此即使无法接受订单，也要及时回复，措辞上注意礼貌得体，并要给出充分合理的理由，亦不可由于无货而对对方置之不理。

（2）如因无货拒绝订单，可视情况向买方推荐合适的替代品；如因对其他条件有异议而不能接受订单，可返回磋商环节，进行还盘，经过协商，双方如能达成协议，则能成交新单。

3. 合同写作的注意事项

（1）注意合同的固定范式。

（2）注意合同格式、条款的完整性。

（3）注意合同语言的特点，要准确、严谨、清楚、正式等。

（4）合同一旦生效，就具有法律效力，对合同各方当事人都具有约束力，因此拟写合同时必须非常谨慎、仔细，表述必须准确、清楚，并且要注意不违反相关法律法规。

三、订单合同函电的典型表达

（一）订单相关常用短语

定制订单（order for custom-made）。

日常订单（routine order）。

未完成的订单（outstanding/pending order）。

首次订单（initial order）。

新订单（fresh order）。

重复订单（duplicate order）。

试购订单（trial order）。

执行订单（to execute/fulfill an order）。

接受订单（to accept an order）。

取消订单（to cancel/withdraw an order）。

（二）以“here”为前缀的一类词的用法

在此，兹（hereby=by this）。

此后（hereafter=after this）。

用此方法（herewith=with this）。

在此（herein=in this）。

在下文（hereinafter=in a following part）。

在下面（hereunder=under this）。

关于此（hereof=of this）。

附此（hereto=to this）。

（三）下订单常用句型

1. 给予某人订单（to place an order with sb. for sth.）

贵方3月5日报价函已收到，谢谢。现向贵方订购下列商品。

We thank you for your quotation of Mar. 5 and now place an order with you for the following goods.

2. 下（附寄）试订单［to place（enclose）a trial order=to order as a trial］

我方对贵方产品的质量和价格均感满意，现寄去试订单，请供应现货。

We find both quality and prices of your products satisfactory and enclose our trial order for prompt supply.

3. 向某人寄订单（to send/give sb. order for sth.）

我方很高兴发现贵方原料品质优良，现寄去500打雨伞的小额订单，作为试购。

We are pleased to find that your materials appear to be of fine quality. As a trial, we are delighted to send you a small order for 500 dozen umbrellas.

4. 确认订单（to confirm one's order）

很高兴确认你方关于……的如下订单。

We are glad to confirm your order for our...as follows.

5. 按价格订购（to order sth. at a price）

已收到贵方的发盘，现按所示价格订购下列货物。

We have received your offer, and now we order the following goods at the prices quoted.

（四）订单回复函常用句型

1. 接受某人的订单（to accept one's order）

关于贵方订购的货物，我方决定按去年价格接受贵方的订单。

With reference to the goods you ordered, we have decided to accept your order at the same price as that of last year.

2. 确认接受某人的订单（to confirm acceptance of one's order）

很高兴接到你方的订单，现确认予以接受。

We are pleased to receive your order and confirm acceptance of it.

3. 签退一份……供某人存档（to sign and return a copy of...for one's file/record）

我们很高兴地告知你方，我方已接受你方第 123 号订单。现寄上第 456 号销售确认书一式两份，请签退一份供我方存档。

We are pleased to inform you that we have accepted your order No. 123. We now send you our Sales Confirmation No. 456 in duplicate. Please sign and return one copy for our file.

4. 无法接受某人订单[to be unable(not in a position)to accept/book one's order]

由于贵方所订购的货物暂时缺货，很抱歉无法接受贵方的订单。

Much to our regret, we are not in a position to book your order because the goods you ordered are momentarily out of stock.

5. 承担任务，接受订货（to be committed）

由于我方工厂最近接单太多，很抱歉不能再接受新的订单。

As our factories are too heavily committed recently, we regret our inability to entertain any fresh orders.

6. 推荐某物作为替代品（to recommend sth. as a substitute）

很抱歉，贵方所订购的 A-1 型产品目前已无存货，故推荐 A-2 型产品，此产品与贵方指定的产品在质量上极其相近，只是价格稍贵。

Unfortunately, the Model No. A-1 you ordered is now out of stock, but we recommend No. A-2 as a substitute, which is very close to your choice in quality though slightly higher in price.

知识拓展

各国交易习惯小知识

了解买家习惯，对于做跨境电子商务的人来说非常重要。在谈判交流过程中，一些雷区千万不要触及，以下是很多外贸人多年摸索出的全球各国买家的采购习惯。了解这些，在交易中对不同买家采取相应恰当的态度，提出不同的条件，将有效提高成交量，并避免不必要的损失。

（1）非洲：看货购买，一手交钱，一手交货，或赊货代销。订单量小，品种多，要货急。

注意事项：非洲国家实行的进出口商品装船前检验，在实际操作中会增加我方费用，延误交货期。

(2) 南非：信用卡、支票使用普遍，习惯“先消费后付款”。

注意事项：因资金有限，银行利率高（22%左右），仍习惯于见货付款或分期付款，一般不开即期信用证。

(3) 摩洛哥：采取低报货值、差价现金支付的方式。

注意事项：摩洛哥进口关税水平普遍较高，外汇管理较严。D/P方式在对其出口业务中存在较大的收汇风险。

(4) 土耳其：港货输入该国，需付6.3%~13%的税项。

(5) 美国：少样多量，订单大，而利润较低。

(6) 丹麦：丹麦进口商在与国外出口商做第一笔生意时一般愿意接受信用证的支付方式。此后，通常使用凭单付现和30~90天远期付款交单或承兑交单。一开始为小金额的订单（样品寄售或试销性订单）。

注意事项：要求货样一样，很注重交货期，在一个新合同履行时，国外出口商应明确具体的交货期，并及时完成交货义务。任何违背交货期，导致延期交货的，都有可能被丹麦进口商取消合同。

(7) 葡萄牙：港货输入该国，则需付6.3%~13%的税项。

(8) 西班牙：以信用证缴付货款，赊账期一般为90日，大型连锁店为120~150日。

订单量：每次订200~1 000件。

注意事项：西班牙对输入产品不收关税。供应商应缩短生产时间，注重品质及商誉。

(9) 中东：通过代理商间接交易，对直接交易表现冷淡。相对于日本、欧洲、美国等地而言对产品要求不是很高。比较重视颜色，偏好深色物品。订单固定但利润小，量不大。

注意事项：要特别小心代理商，避免被对方进行多形式的压价。更应注意遵循一诺千金的原则。合同、协议一经签字，就应履约尽责，哪怕是口头允诺的事也要尽力做。同时应重视客户的询价。保持良好态度，别太在几件样品或样本邮寄费上斤斤计较。

(10) 东欧：东欧市场有其自身的特点。产品要求的档次不高，但要想求得长期发展，质量不佳的大路货没有潜力。

(11) 墨西哥：一般不接受L/C即期付款条件，但接受L/C远期付款。

订单量：订货量较小，一般要求看样订货。

注意事项：交货期尽量不要太长。对墨西哥采购需尽量满足条件及有关规定，其次需提高产品质量和档次，使之符合国际标准。墨西哥政府规定，所有电子产品的进口都必须事先向墨西哥工商部申请质量标准证书（NOM），即符合美国 UL 标准，方允许进口。

(12) 俄罗斯：只要签约后，大都以 TT 直接电汇，并要求准时出货，很少开 L/C，但要寻求搭线不易，只能透过 Show 展联系，或深入当地拜访。当地语言以俄语为主，英语沟通很少，较难沟通，一般需要找翻译协助。

第五节　客户维护

一、客户维护概述

跨境电子商务客户维权指消费者在国际电子商务平台上购买商品或服务后，通过合法途径维护自身权益，包括但不限于投诉、退货、退款、索赔等过程。

（一）客户维护的意义

客户维护的意义有以下几个方面。

1. 老客户就是资源

老客户是企业最重要的一部分财产，发展一位新客户的投入是巩固一位老客户的 5 倍，因此，维护老客户的重要性显而易见，在拓展新客户的同时，维系好老客户，让他们继续翻单，最终成为我们的忠实客户。

2. 节省时间成本

已经和公司有过贸易往来的老客户们，对公司、对产品都已经有所了解，再次购买产品时就不再需要像发展新客户那样又要介绍公司，又要介绍产品，因此是节省时间成本的最好方法。

3. 老客户转介绍

当我们觉得一款产品有价值，那么肯定会分享给身边的朋友。再多的推广费用都抵不过老客户的一句赞赏。这种口碑就是最直接、最有效的宣传，不但大大加强了品牌的宣传，更有利于发展新客户。

（二）客户维护的主要方法

客户维护的主要方法有以下几种。

1. 做好售后服务与跟踪

在产品销售以后，通常会遇到两类情况：其一，客户反馈产品相关问题，此时一定要及时了解情况，尽快帮助客户解决问题；其二，主动联系客户，询问产品使用情况。一方面，这样可以让客户体会到你对他的关注；另一方面，便于更加清楚地掌握对方的使用进度，进而把握对方的采购频率，这些对我们的销售非常有利。

2. 推送新品和促销信息

首先，当公司有新产品上市或者对老产品进行更新换代时，应该在第一时间通知老客户。可以在邮件中跟客户说："您是我们很重要的客户，希望得到您的意见。您觉得这个设计怎样？是否合适您的市场？"让老客户时刻有着 VIP 的感觉。让他们享受到在别的供应商那里享受不到的特殊待遇。其次，当产品有促销活动时，可以提醒客户是否考虑提前预订一些，可以有效地帮助他们降低成本。

3. 节日问候

各种节日的问候是必不可少的。每逢节日或者客户的生日，可以发送问候的信函并寄送一些小礼品，维系与客户的感情。但要注意不同国家庆祝的节日不尽相同，风俗也有所差别，一定要有针对性，切不可画蛇添足或张冠李戴。关于具体节日的区别请参考本章的跨境电子商务小知识部分。

4. "你来我往"

"你来"：邀请客户来厂参观，参加我国的展会或者来我国游玩。例如，参加广交会（中国进出口商品交易会，即广州交易会）、一些大型节日、大型活动、工厂活动等，一方面让客户觉得我们热情好客，另一方面也是展示公司实力的好机会和充满自信的表现。

"我往"：上门拜访国外企业，考察目标国的市场。国际贸易的买卖双方一般都是通过电子邮件、电话、传真的形式联系，见面的机会很少。但是面对面的交流更有利于关系的建立。和客户面对面，可以直接沟通采购、技术等方面的事宜，还便于展示实样，给客户留下更深刻的印象。

二、客户维护函电

跨境电子商务客户维权函的写作应当清晰、正式且具有针对性地表达自身诉求。

（一）客户维护函的基本结构

下面分别介绍售后跟进信函、推送新品和打折信函、节日问候信函和邀请函这四类跨境电子商务客户维权函的基本结构。

1. 售后跟进信函

(1) 简要提及最近的一笔交易。

(2) 说明写信的目的，如：核实出口商品的销售情况，询问产品本身或是产品使用过程中是否存在问题。

(3) 礼貌地询问当前客户的采购计划。

2. 推送新品和打折信函

(1) 问候。

(2) 写信的目的，如：对新产品信息的推送。

(3) 新产品的主要优势。

(4) 若有打折信息，在此告知并附上新产品的详细信息。

3. 节日问候信函

(1) 节日问候。

(2) 感谢客户的支持并期待将来的继续合作。

(3) 告知客户节日期间的工作安排。

4. 邀请函

(1) 向客户发出参观公司的邀请。

(2) 告知参观的具体安排。

(3) 询问客户的行程安排以便提前做好准备。

(二) 客户维护函的典型表达

1. 售后服务

我想和您了解一下我方产品的分销和零售情况。

I would like to check with you about the distribution and retail status of our products.

我们已经三个月没有接到你们的新订单了。

We haven't received your orders for 3 months.

您能否告知贵公司下一季的采购计划？

Would you like to advise your purchasing plan next season?

2. 推送新品和促销信息

感谢您一直以来对我们产品的支持。

Thank you for your support of our products all the time.

我们很高兴地通知你，我们的最新机械 Model-376 现在开始供货了。

We are pleased to inform you our latest Machine Model-376 is available now.

新品在性能上大大超越了……

The new machine vastly excels...in performance.

我们本月仅针对老客户还有10%的优惠。

We have a promotion only for our current customers this month, say a 10% discount.

目前，我们全线产品有20%的优惠。

We currently are offering 20% discount of all-line products.

3. 节日问候

送上我最诚挚的问候，祝您新年快乐！

Holiday greetings and best wishes for the New Year!

祝福您和您的家人度过一个愉快的佳节。

May you and all your family members have a joyous holiday season.

对于您过去的关照在此深表感谢，并且希望今后我们能够一如既往地长期合作。

Thank you for your great supports for our company's products over the past few years and I hope we will enjoy a better cooperative relation in the coming year.

4. 发出邀请

热情邀请您在第123届中国进出口商品交易会（广交会）上莅临我公司的展位。

I am writing to warmly invite you to visit our exhibition stand in the 123th China Import and Export Fair (Canton Fair).

我们的展位是5.1G32。

Our Booth is 5.1G32.

更多信息，请浏览 www.cantonfair.org.cn。

For further information, please visit www.cantonfair.org.cn.

期待您的回复以便我们提前为您做好安排。

Looking forward to your reply and we could arrange for your appointment in advance.

三、维护老客户的小技巧

1. 通过平台主动推送相关产品

专业进口商的产品线一般来说会比较长，不太会只经营单一产品，而是经营一类产品，因此我们就可以从产品线入手，主动推荐其他产品。

工厂可以把公司能做的产品系列推荐给老客户。由于已经合作过第一张单，双方对于合作程序等都比较清楚，客人也比较信任工厂，所以在向采购方推荐其他产品时，采购方只要有需求一般都会询价。

2. 除了邮件还要经常通电话

已经合作过的客户对你一定有着不错的印象，所以要经常给他们去个电话。尝试着进入客户的私生活，之所以说是尝试，是因为某些客户并不喜欢生活跟业务混到一起。

但是根据很多外贸业务员的经验，客户在不是很忙的时候，可以尝试着了解他们的家庭情况，例如有几个孩子，孩子们都喜欢什么之类的，这样气氛一下子就缓和许多。除此之外，还可以尝试着问他们的爱好是什么以及他们对一些热门的影片和赛事的看法等。

一旦客户愿意告诉你他的很多私人事情，就意味着他开始接受你作为朋友角色存在，意味着对你有了更深一步的信任，也就意味着这个客户已经是较为忠诚的客户。

知识拓展

邀请函写作的注意事项

1. 不要千篇一律

有些工作人员会上网找一些范文，全篇照抄，然后只改动一下名字和展会的地址，就完成了任务。其实这样会显得没有诚意。客户不仅仅是只跟一家公司做生意，邀请函可不只收到一封，类似的范文他可能已经见过几百遍了，这样的邀请函缺乏吸引力。如果能针对客户写一些诚意十足的文字，在文中对客户致以问候，尤其是能在文中提一下跟该客户的上次谈话的细节，更能加深对方的印象，这样才是一份好的邀请函。

2. 附上交通路线

邀请函中附上交通路线。尽管客户可能已经参观过很多次这样的展览了，他对展馆的地理位置十分熟悉，但是如果参展商能在邀请函中附上交通路线，则会显得亲切细心。

比如琶洲展馆，一到广交会，周围的交通就十分拥堵。如果客户是开车来的话，可能会在路上耽搁不少的时间。若参展商在信函中告知客户“为了防止出现塞车，耽搁您的时间，建议您可将车停在酒店，选择地铁前往，在琶洲或者新港东站下车即可”，同时附上地铁线路图，这样的邀请函相信能给客户留下很好的印象。

3. 邀请时间有讲究

参展商在某个地区可能有不止一个代理商。那么在邀请这些客户来参观展览的时候，邀请时间就有讲究了，应该尽量将他们的参观时段错开。因为同一个地区的代理商，可能就是直接的竞争对手。为了避免引起尴尬，最好是一个安排在上午会面，另外一个安排在下午会面。

4. 附上展馆平面图

邀请函里附上展馆平面图，可以让客户更容易找到展位。主办方会提供展馆平面图，参展商可上主办方的官网下载电子版，自己打印或者拿到纸质的图样进行复印，再附在邀请函里。

5. 告知天气情况

参观展览的客户来自全世界各地，他们并不熟悉展览所在地的情况。

比如广交会，广州的天气连第一次来的北方人都觉得不习惯。参展商如果能在邀请函里将未来几天详细的天气情况告诉客户，并附上生活上该注意的细节，则显得细心体贴。例如春交会时，广州正是绵绵细雨的回南天季节，天气十分潮湿，在邀请函里就可以提醒客户要多带衣服，防止衣服未干不够穿的情况出现。

第六节　其他相关事宜

一、商务报告

商务报告是指向组织机构的管理层或决策者提供及时准确的重要信息以供管理层决策时进行参考的报告。

（一）商务报告的种类

商务报告按照不同的分类方法，可以分为正式和非正式商务报告，或分为信息性和分析性商务报告。非正式商务报告包括备忘录型商务报告和信函型商务报告。常见的正式商务报告种类如下。

1. 建议性报告（a justification/recommendation report）

建议性报告可以用来向管理层或决策者提出建议，通常包括报告摘要和报告正文。报告摘要突出强调报告人的请求，报告正文则探讨该请求相关的好处、成本、风险等。

2. 调查报告（an investigative report）

调查报告可以帮助确定某一个具体行动可能产生的风险，有助于公司预测行动可能产生的反响。这类报告一般包括引言、正文和结论。引言强调所调查的问题，正文阐述调查所发现的事实和结果，结论则进行概括总结。

3. 可行性报告（a feasibility report）

可行性报告主要用来探讨某一想法或项目的可行性，其目的是确定某一想法或项目是否可行。这类报告一般包括摘要和正文。摘要提出想法，正文则阐述该想法可能带来的好处、潜在问题、相关成本等。

4. 标准型报告（a yardstick report）

标准型报告提出并权衡某一问题的几种潜在的解决办法。基于调查结果，报告人提出具体的行动方案。这类报告一般包括引言、正文和结论。引言表明报告的目的，正文分析可能的解决方案会带来的问题，结论则给出最佳解决方案的建议。

（二）商务报告的基本组成

商务报告一般包括如下组成部分。

1. 报告标题

报告标题只需要告诉读者报告的主题，应该简短明了。

2. 引言

引言表明报告的目的和数据的收集方法，还要包括写作的原因以及最终要采取的方案。

3. 调查结果

调查结果描述调查所得出的数据、事实和重要信息，该部分应当避免给出个人的意见和想法。

4. 调查结论

调查结论要基于调查结果来得出，也是提出建议的理由。

5. 建议

建议要具体，应该基于报告的结论来给出，要提出具体的行动方案。

（三）商务报告的典型表达

1. 报告标题

关于……的报告。

A report on....

2. 报告引言

本报告的目的是……

The aim/purpose/objective of this report is to....

本报告着眼于……，本报告旨在……

This report sets out to/aims to....

本报告是关于……

Here is the report concerning....

本报告基于我们所搜集的……的事实。

The report is based on the facts we collected....

某某要求我写出报告来调查评估/研究/建议/分析/反馈/评定……

Mr. X has asked me to report to investigate/evaluate/study/recommend/analyze/give feedback/estimate/assess....

应某某的要求，本人将呈上下面关于……的报告。

As requested by ××/Upon request of ××...I am submitting the following report about

3. 调查发现

根据最新的市场调查/上面的图表，我们发现……

According to the recent market research/investigation/survey/the chart above/the table above, we find that....

最近的访问/调查表明……

The recent visit/investigation/survey shows that....

以上图表向我们显示……

The table/chart above tells/shows us that....

从所示图表，我们发现/可知……

From the chart shown, we find/learn/notice that...

发现……

It was found that...

4. 调查结论

根据以上调查结果可以得出……的结论。

According to the findings above, it can be concluded that...

从所示表格可以得出……的结论。

From the table shown, it can be concluded that...

因此可以得出的……的结论。

Therefore, it can be concluded that...

不能得出关于……的结论。

No conclusions were reached regarding...

决定/同意……

It was decided/agreed that...

基于上面的讨论可以得出……的结论。

Based on the discussion above, we can conclude that...

5. 建议

建议如下……

The following are the recommendations that...

建议……

It is recommended that... (注：recommendation 以及 recommend 后面的从句要用动词原形)

基于以上结论/分析，我们建议……

Based on the conclusion/analysis above, we recommend that...

基于上述优点，特建议如下……

With reference to the advantages stated above, the following recommendations can be made...

基于上述事实，特建议如下……

With reference to the facts above, the following recommendations can be made...

基于以上结果，我建议如下……

On the basis of the results, I have the following recommendations...

基于以上分析，建议……

On the basis of the analysis, it is reasonable to have the following recommendations...

我强烈希望……

I strongly hope that...

我们建议……

We would recommend that...

建议……

It is suggested that...

知识拓展

商务报告小贴士

假设你是 ABC 公司的人力资源部经理，公司要把部分员工从纽约总部派到伦敦分部工作。要求你对两家提供安置服务的公司进行比较，写出调查报告，以供公司在选择提供安置服务的公司时作为参考。

1. 注意拟写出的报告要包含五个组成部分。

（1）报告标题，用简洁的语言概括出报告的主题，即对两家公司提供的服务进行比较。

（2）报告引言，该部分要交代出该报告的目的和写作缘由。

（3）调查发现，主要描述两家公司所提供的服务的内容。

（4）调查结论，即基于上述调查的结果给出客观的总结。

（5）建议，基于上述的调查结论提出合理化的建议。

2. 商务报告写作的 ABCD 原则。

（1）准确性（accurate）。

（2）简洁性（brief）。

（3）清晰性（clear）。

（4）决定性（decisive）。

3. 报告人的观点和看法可以出现在调查结论中，但是，其观点和看法一定要建立在调查结果的事实之上。

4. 商务报告通常使用一般现在时态来陈述事实和发现，可以使用祈使句形式在建议部分表达建议。

二、销售信

销售信是促销和推销产品或服务的一种常用商务劝说信函，其目的是劝说新老顾客购买企业产品或服务。在贸易竞争激烈的背景下，企业深知产品促销在销售业务拓展中的重要性和必要性。销售信在促销产品、推荐服务、维系客户关系等方面能起到较好的作用，同时也有利于提升顾客对企业的忠信度。

（一）销售信的一般分类

销售信通常被分为两大类：主动销售信和应征销售信。

1. 主动销售信（unsolicited sales letters）

主动销售信也被熟知为直接邮寄的广告，因为主动销售信是在没有邀请的情况下直接邮寄给客户或潜在客户的。因此，主动销售信只能通过突出产品或服务来吸引客户。

2. 应征销售信（solicited sales letters）

应征销售信是针对客户对某些特定商品或服务提出咨询的回复信函。令人满意的应征销售回复信函依赖于对商品或服务明确而吸引人的描述。

（二）销售信写作的必要步骤

写一封得体的销售信通常有以下四个步骤。

1. 引发注意或好奇

销售信的第一步是必须诱人和夺目。要引起顾客注意，作者应该发挥他/她的想象力和创造力来呈现销售的信息。像提出问题、给出报价或承诺利益和好处等都是有用且有效的策略。

2. 唤起兴趣或欲望

商品或服务的独特点是第二步的关键。使商品或服务有别于其他同类，展示和呈现它们的价值和特征是明智且巧妙的办法，这样顾客对商品的兴趣才会更为浓厚和持久。

3. 提供利益好处

提供利益好处一定要突出和强调商品或服务能带给读者的利益，以便能清楚地理解拥有它们的好处。如果顾客喜欢这个商品，享受这个服务，购买的可能性就很大。

4. 鼓励购买行为

销售信的最终目的是让读者行动起来，购买销售的商品。让读者了解购买商品或服务的通道，能便捷地获取联系方式，包括公司地址、网址、电话号码等信息。如果有可能，也应该说清楚免费礼物或优惠折扣，以此作为吸引读者购买的奖励。

知识拓展

销售信的基本元素

1. 分析读者的需求

分析读者意味着研究读者的需要。人类在生活中有很多种需求，有对社交的需求，比如对友谊的需求；有个人的需求，比如对自尊的需求；有身体的需求，比如对食物的需求；有对思想的需求，比如对安全意识的需求等。对读者需求研究得越深入，销售信的针对性就越强。

2. 了解商品或服务

对所销售的商品或服务要有一个全面的了解。对于销售信来说，错误的商品描述和说明就是一场灾难。差错可能会毁掉一次或永久的交易。

3. 强调购买商品的好处

尽管顾客喜欢商品与众不同的优势和特点，但是他们更喜欢商品价格上的优惠。这也是销售信的作者为什么偏爱用“免费”字眼的原因。

4. 减少价格负面评述

价格是钱不是利益，除非有明确的折扣优惠，否则不要有意提及价格。

（三）销售信的典型表达

1. 唤起对产品的兴趣或欲望

我们很高兴介绍我们的新产品……相信贵公司一定会感兴趣。

We are pleased to introduce our new…and feel sure you will find it very interesting.

为什么不参加我们的旅行团去享受严冬后的温暖春天呢？

Why not enjoy the warm spring by joining our tourist group after a cold winter?

由于贵方过去与我方有大量的订单，所以我方非常高兴给予贵方优惠价格。

As you have placed many orders in the past, we would like to extend our special offer to you.

想象一下，当你在我们新研发的……展开四肢，你是多么的舒适和惬意啊。

Just imagine how comfortable you will be when stretching out your limbs on our newly-developed…

你想了解……吗？

Do you want to know…

2. 突出产品带来的利益好处，提供购物优惠

如果你方……可以享受这个优惠条件。

Special terms are allowed to you if you…

这款产品/服务可以帮助你……

This product/service is designed to help you…

这个产品是我们最新技术的成果，在全球市场享有很好的口碑。

This product is the result of our latest technology and enjoys high reputation in the world market.

这是我们的第一次交易，我们决定减价 3%。

Since this is our first transaction with you, we decide to cut the price by 3%.

3. 鼓励或刺激购买行动

你方需要的信息资料随函附上。

Enclosed is the information you requested.

你可以免费试用我们新研发的……两周。

You can try our newly-developed…for two weeks absolutely free.

我们的产品在长期使用的过程中保证有较高的可信度。

Our product guarantees a very high degree of reliability over a long period of use.

为什么要等？快来订购吧。

Why wait? Come and have a trial order.

如果方便，我们愿意提供一次产品展示。

We should be pleased to provide a demonstration if it would be convenient.

知识拓展

销售信的写作特点

1. 信函开头一定要抓住读者的眼球

将读者的兴趣吸引到销售的商品或服务上来。

2. 站在读者的角度评价商品的优劣

正面评价商品，承诺对商品的质量进行保证，附函相关进行支撑的证书。

3. 使用证据突显商品的独一无二

必要时提供数据、事实、调研结果或第三方评价，以此证明商品的品质。

4. 信函简洁明了，直入主题

围绕商品，准确描述，让读者相信，商品或服务是值得购买的。

5. 语言朴素、礼貌

通俗易懂、富有礼貌的语言描述能让读者心情舒畅，乐意了解和接受信中所销售的商品或服务。

三、代理信函

代理又称商务代理。在商业买卖中，除了由买卖双方直接洽谈生意外，公司常常为了开拓业务和简化谈判业务的烦琐步骤，可以根据业务需要，在一些国家或地区选择可靠的客户建立代理关系（agency relation），委托代理商在指定的地区和一定期限内，从事合同规定领域内的商务活动。

（一）代理的类型

大量的国际贸易活动不仅需要交易双方直接洽谈，而且也需要运用代理的形式处理和完成交易。一般来说，代理分为三种主要形式：佣金代理、独家代理和一般代理。

1. 佣金代理（commission agency）

佣金代理是指根据委托方指令，以获取最多利润的商品销售贸易活动。佣金代理可以是一家公司，也可以是某个个人。按照协议或合同规定，代理方需向委托方收取一定的佣金费用。

2. 独家代理（sole agency）

独家代理是依据双方协议合同，在指定地区内，以佣金的形式由独家代理人单独代表委托人从事销售某些商品的商业活动，独家代理享有在特定区域独家代理某个商品的权利。独家代理可以是个人，也可以是公司。

3. 一般代理（general agency）

一般代理也是根据其协议合同，在委托方一定的指令下所从事的贸易活动。一般代理可以是公司，也可以是个人。

（二）代理信函的分类

代理信函一般分为四种形式。

1. 寻找代理（looking for an agent）

委托方毛遂自荐，写信寻找国内外代理人（商）。

2. 申请代理（applying for an agent）

想成为代理人（商）的一方主动写信寻找国内外的委托人。

3. 同意代理（agreeing to the agent）

委托人同意代理人或潜在代理人的申请，并表示接受此申请。

4. 拒绝代理（refusing the agent）

委托方或代理方都有权利谢绝对方的请求，但是拒绝信应该礼貌且有说服力。

（三）代理信函的典型表达

1. 寻找代理

我们还没有在……建立稳定的销售渠道。

We have not yet established steady distribution channels in....

目前正在本地区寻找能代表我方的代理商。

We are currently seeking an agent to represent us in the region.

我们非常高兴介绍我方新产品，相信贵方一定会认为它很有趣。

We are pleased to introduce our new product and feel sure you will find it very interesting.

我们正在积极寻找代理商以帮助我们打开新研发产品的市场。

We are actively searching for an agent to help us market our new-developed products.

2. 请求代理

我们写信是想提供服务，成为你方在意大利的代理商。

We write to offer our services as your agents in Italy.

如果你方在本地区已有满意的代理商，请忽略此信。

If, however, you are already satisfactorily represented here, please ignore this letter.

我们申请成为你方产品打开新市场的独家代理。

We ask to be the sole agent for your product in the new market.

我们已成功代理了美国的几家制造商，相信你方会同意我们为你提供同样的服务。

We've represented some manufacturers in America and hope you will allow us to offer you similar services.

3. 申请代理的原因

有迹象表明，我们的产品有很大的潜在市场前景。

There are signs of a promising market for our products.

在你方地区测试产品在市场的反映，是很有必要的。

It would be necessary for you to test the market for our products at your end.

我们保证不经营其他生产商的具有竞争性的商品。

We ensure that we won't handle competing products of other manufacturers.

我们有权提取所有销售 15%的佣金。

On all sales, we are entitled to receive a commission of 15%.

4. 回复代理申请

感谢你 4 月 23 日的来信，信中提出想成为我方办公机器设施的独家代理。

Thank you for your letter of 23 April proposing a sole agency for our office machines.

我方经过认真的考虑，同意你方成为我们在俄罗斯销售产品的独家代理。

We have made a careful consideration and approved your proposal of being the sole agency for our products in Russia.

我很高兴地通知，你方在较多候选人中被选中成为我方在中国市场的独家代理。

I am pleased to inform that you have been selected from among a dozen candidates to act as our sole agent in China.

非常遗憾，当下想成为我方独家代理的时机还不成熟。

I regret to say that, at this stage, being our exclusive agent would be rather premature.

知识拓展

代理信和回复信的要点

1. 申请代理信函写作基本要点。

（1）简单介绍自己或公司。介绍的重点应该是你在促销商品方面的相关经历或能力，可以在信中提及你的一些重大的销售成就。

（2）表达你的愿望。清楚地表达你想成为代理商的愿望，表示愿意在本地或本国代理对方商品或服务。

（3）表明成为代理商的原因。你为什么对代理感兴趣，必须给出适当的理由，让对方相信你的能力，这一点很重要，它和对方是否给予回复有很大的关系。

（4）显示你的自信。代理信的字里行间必须透出写信人的坚定和自信，语气应该乐观积极。

2. 回复申请代理信函写作基本要点。

（1）确认收到申请，并表达感谢。

（2）明确表示你的决定，要么接受，要么拒绝。

（3）无论是接受或是拒绝代理请求，要给出清晰的理由。

（4）接受代理，表达对彼此合作的期望。如果是拒绝，表达出希望今后时机成熟，再续合作的意思。

3. 书面代理合同一般包括以下内容。

（1）代理性质与周期。

（2）涉及的代理范围或区域。

（3）代理方与委托方的职责。

（4）双方约定的佣金和费用细则。

（5）定期提交业务报告、交易账目以及付款支付协议。

（6）对纠纷事宜的仲裁。

四、招聘广告

招聘广告主要指用来公布招聘信息的广告，要为应聘者提供一个获得更多信息的来源。人才招聘广告就是企业招聘员工的重要工具之一，广告设计得好或坏，直接影响到应聘者的素质和企业的竞争。

（一）招聘广告的分类

招聘广告往往有两种形式：展示性广告和分类广告。展示性广告包括粗体标题、图片和说明。这种广告有各种篇幅，从小块文字到整版甚至是两版的广告都有。广告设计者通过篇幅的大小和创意创造对读者的影响。

分类广告简单得多。它们的特点是有标题和正文，往往是在某个工作分类标题下与其他广告一起出现。分类广告没有太多创造性展示的机会。

（二）招聘广告的基本结构

招聘广告对很多人来说是对公司的第一印象，而这个第一印象会决定求职者对所应聘的工作岗位是否有兴趣。招聘广告总是有统一的布局并包含下列因素。

1. 工作职务和岗位

工作职务这栏是用几个词来描述员工的工作岗位。

2. 公司背景描述

通常用一个解释性的段落来描述公司背景，包括雇主、品牌等。公司的信息可以让员工了解工作环境及员工机遇。

3. 岗位描述

岗位描述用来描述该岗位的职责。

4. 入职资历

入职资历列出该工作要求的工作经历、学历和其他特点。

5. 薪酬待遇（雇主不一定提供）

广告里也应该向求职者描述工资、福利等信息。

6. 其他细节及申请表获取处

最后，广告应解释包括申请方式和地点在内的申请过程。

（三）招聘广告的典型表达

1. 关于广告中的职位

我们正在寻找一个……加入我们。

We are seeking a…to join us.

某公司要找一个……

X company is looking for a…

我们正打算招聘一个……

We are recruiting for a…

我们的……职位空缺。我们寻找……加入我们。

We have positions available in.... We seek...to join us.

应征者需要喜欢接受挑战，不断学习工作上的所有新技能。

We desire applicants who are motivated by the challenge of constantly learning new skills.

2. 关于对求职者的要求

为了成功地做好该工作，你应该有（学历，能力等）……

To be successful in this role, you will have...

你需要有……的经验。

You will need experience in...

有……经验的优先。

Some related experience in...is preferred.

（求职者）还需要有下列特点。

The following attributes are also desirable.

理想的求职者应具有良好的沟通和处理人际关系的能力。

The ideal applicant will have excellent communication and interpersonal skills.

3. 关于工作职责

你将就……进行定性和定量的研究。

You will perform qualitative and quantitative research on...

该工作还涉及……

This role also involves...

你的职责还包括下列事务：……

Your responsibilities will include the following: ...

4. 关于福利

公司提供高薪……

The company offers a good salary...

待遇优厚，可以面议。

Excellent remuneration will be negotiated with the right candidate.

根据贡献的大小，发放薪金福利。

The rewards in terms of salary, benefits and career development will fully reflect your contribution to...

知识拓展

写招聘广告需要注意的点

1. 带有感情色彩，针对人来写

这点很明显，要让人们知道你是在找合适的人，而不是个东西。

2. 准确的描述

特别注意在描述候选人特点时所使用的词汇。

3. 使用主动的、强有力的动词

被动语态过长，而且对话性不强，会让你的句子失去能量。让你的句子简短、主动，使用主语、动词、宾语。

4. 避免公事公办腔

避免新闻发布稿里的那种无意义的词，例如“一流水平的”（State of the Art），“领先的”（Leading-edge），或是“更上一层楼”（Take it to the Next Level）。

本章小结

本章通过对跨境电子商务函电业务的全面解析，使读者深刻认识到函电在跨境电子商务业务中的重要作用。函电不仅是信息传递的工具，更是商业谈判与情感交流的桥梁。通过本章的学习与实践，读者不仅掌握了跨境电子商务函电业务的核心知识与技能，还学会了如何根据具体情境灵活运用函电工具，促进交易的达成与客户关系的深化。这将为读者在跨境电子商务领域的长远发展奠定坚实的基础。

课后思考

1. 通过本章的学习，我懂得了以下几点。

（1）____________________

（2）____________________

（3）____________________

2. 我认为，函电对维护客户的作用有以下几点。

（1）____________________

（2）____________________

（3）____________________

3. 在实际生活中，我接触过以下形式的跨境电子商务函电有以下几点。

（1）____

（2）____

（3）____

参考文献

[1] 苏朝晖. 客户关系管理:理念、技术与策略[M]. 北京: 机械工业出版社, 2021

[2] 黄强新, 胡丽霞. 跨境电子商务实务[M]. 北京: 清华大学出版社, 2021.

[3] 龚文龙, 王宇佳. 跨境电子商务实务[M]. 杭州: 浙江大学出版社, 2022.

[4] 刘春生. 跨境电子商务实务[M]. 北京: 中国人民大学出版社, 2022.

[5]《跨境电子商务平台运营实务》编写组. 跨境电子商务平台运营实务[M]. 北京: 经济科学出版社, 2023.

[6] 伍蓓. 跨境电子商务理论与实务[M]. 北京: 人民邮电出版社, 2024.

[7] 冯洁,刘志娟. 跨境电子商务实务[M]. 北京: 机械工业出版社, 2024.